연세 한국어

활용연습 1-1

연세대학교 한국어학당 편

연세대학교 출판문화원

연세 한국어

활용연습 1-1

편저자 연세대학교 한국어학당 교재편찬위원회
집필진 김미옥·김수미·소지영·윤정남
발행 연세대학교 출판문화원

주소 서울시 서대문구 연세로 50
전화 02) 2123-3378~80
팩스 02) 2123-8673
e-mail : ysup@yonsei.ac.kr
http://press.yonsei.ac.kr
등록 1955년 10월 13일 제9-60호
인쇄 (주)네오프린텍
녹음 (주)반도음반
성우 윤미나·전광주
삽화 디투웍스
본문 더그라프

2013년 3월 5일 1판 1쇄 2023년 11월 10일 1판 12쇄
ISBN 978-89-6850-001-5(08710)
ISBN 978-89-6850-000-8 (세트)

값 15,000원(CD포함)

차례

1-1

1-2

일러두기

- 〈연세 한국어 활용연습 1〉은 총 10과로 이루어져 있으며, 각 과는 5개의 항으로 구성되어 있다. 10과 중 처음 1과 1항부터 4항까지에는 주교재 본문 베껴쓰기 연습을 넣어 한글 자모를 배운 후 한글 쓰기에 익숙해지도록 하였다.

- 각 과는 5개의 항으로 구성되어 있는데 1항부터 4항까지는 어휘, 문법 연습으로 구성되어 교재에 나온 어휘와 문법을 연습하도록 되어 있다. 5항은 한 과의 전체 내용을 총 정리하고 복습하는 내용으로 되어 있으며, 어휘와 문법 복습과 듣기 연습, 읽기 연습, 말하기 연습 등으로 구성되어 있다. 말하기 연습은 과마다 2개씩 넣었는데, 첫 번째 연습은 주제와 관련된 말하기 연습, 두 번째 연습은 문법 활용에 관련된 말하기 연습이며 첫 번째 말하기 연습에는 보기에서 모범 발화 예문을 제시하여 학생들의 이해와 연습을 돕고자 하였다.

- 학생들의 흥미를 끌고자 각 과의 중간 중간에는 단어 찾기 게임, 수수께끼, 노래 배우기, 띠 이야기, 숨은 그림 찾기 등 다양하고 흥미로운 내용으로 5개의 쉼터를 넣었다.

- 5과가 끝날 때마다 복습 문제를 넣어 배운 내용에 대한 정리를 할 수 있도록 하였다.

- 문법 연습에는 문형에 필요한 품사들을 명기하였는데 명사는 N, 동사의 어간은 AVst, 형용사의 어간은 DVst로 표기하여 학생들의 이해를 돕고자 하였다.

- 학생들의 이해를 돕고자 각 연습 문제의 1번에는 정답을 써주어 보기와 같은 역할을 할 수 있도록 하였다.

- 책의 뒷부분에는 교재에 실린 듣기 연습 부분의 지문과 정답을 실어 학생들이 스스로 정답을 확인하고 공부하는데 도움이 되도록 하였다.

한글 연습

모음 연습 1

1. 쓰십시오.

아								
어								
오								
우								
으								
이								
애								
에								
외								
위								

2. 다음 단어를 읽고 쓰십시오.

이	위	아	이	오	이	아	우	우	애

[CD: 1]

3. 듣고 맞는 것을 고르십시오.

1) (1) ❶ 아 ❷ 어 ❸ 오

2) (   ) ❶ 아 ❷ 어 ❸ 오

3) (   ) ❶ 어 ❷ 오 ❸ 우

4) (   ) ❶ 오 ❷ 우 ❸ 으

5) (   ) ❶ 우 ❷ 이 ❸ 위

6) (   ) ❶ 에 ❷ 외 ❸ 위

[CD: 2]

4. 듣고 쓰십시오.

1) 우 2) 3)

4) 5) 6)

자음 연습 1

1-1. 쓰십시오. ㄱ - ㄹ

	ㅏ	ㅓ	ㅗ	ㅜ	ㅡ	ㅣ	ㅐ	ㅔ	ㅚ	ㅟ
ㄱ ①	가	거	고	구	그	기	개	게	괴	귀
① ㄴ	나	너	노	누	느	니	내	네	뇌	뉘
① ② ㄷ	다	더	도	두	드	디	대	데	되	뒤
① ② ③ ㄹ	라	러	로	루	르	리	래	레	뢰	뤼

1-2. 쓰십시오.

	ㅏ	ㅓ	ㅗ	ㅜ	ㅡ	ㅣ	ㅐ	ㅔ	ㅚ	ㅟ
ㅁ	마	머	모	무	므	미	매	메	뫼	뮈
ㅂ	바	버	보	부	브	비	배	베	뵈	뷔
ㅅ	사	서	소	수	스	시	새	세	쇠	쉬
ㅇ	아	어	오	우	으	이	애	에	외	위
ㅈ	자	저	조	주	즈	지	재	제	죄	쥐

1-3. 쓰십시오.

ㅊ - ㅎ

	ㅏ	ㅓ	ㅗ	ㅜ	ㅡ	ㅣ	ㅐ	ㅔ	ㅚ	ㅟ
ㅊ	차	처	초	추	츠	치	채	체	최	취
ㅋ	카	커	코	쿠	크	키	캐	케	쾨	퀴
ㅌ	타	터	토	투	트	티	태	테	퇴	튀
ㅍ	파	퍼	포	푸	프	피	패	페	푀	퓌
ㅎ	하	허	호	후	흐	히	해	헤	회	휘

2. 다음 단어를 읽고 쓰십시오.

가	구	고	기	노	래	다	리	기	러	기
도	구	매	우	바	다	비	누	라	디	오
서	로	쉬	다	어	느	지	도	어	머	니
치	마	커	피	타	다	포	도	타	자	기
회	사	차	이	피	리	코	트	코	코	아

[CD: 3]

3. 듣고 소리가 같으면 O, 다르면 X표 하십시오.

1) 노 (X)　　2) 더 ( )

3) 자 ( )　　4) 미 ( )

5) 후 ( )　　6) 귀 ( )

[CD: 4]

4. 듣고 맞는 것을 고르십시오.

	❶	❷	❸
1) (3)	❶ 가	❷ 나	❸ 다
2) ( )	❶ 누	❷ 루	❸ 무
3) ( )	❶ 니	❷ 시	❸ 지
4) ( )	❶ 초	❷ 코	❸ 포
5) ( )	❶ 서	❷ 저	❸ 처
6) ( )	❶ 키	❷ 티	❸ 피
7) ( )	❶ 나리	❷ 다리	❸ 라리
8) ( )	❶ 가기	❷ 거기	❸ 고기
9) ( )	❶ 사다	❷ 차다	❸ 하다
10) ( )	❶ 호사	❷ 회사	❸ 휘사

[CD: 5]

5. 듣고 쓰십시오.

1) 너　　2)　　3)　　4)　　5)

6)　　7)　　8)　　9)　　10)

모음 연습 2

1. 쓰십시오.

야										
여										
요										
유										
애										
예										
와										
왜										
워										
웨										
의										

2. 다음 단어를 읽고 쓰십시오.

여	유	애	기	세	계	과	자	배	워	요
예	의	돼	지	의	자	무	늬	웨	이	터

자음 연습 2

1. 쓰십시오.

	ㅏ	ㅓ	ㅗ	ㅜ	ㅡ	ㅣ	ㅐ	ㅔ	ㅚ	ㅟ
ㄲ	까									
ㄸ			또							
ㅃ					쁘					
ㅆ						씨				
ㅉ									쬐	

2. 다음 단어를 쓰고 읽으십시오.

까	치	따	다	뿌	리	싸	다	빠	르	다
가	짜	아	빠	꼬	리	뽀	뽀	아	저	씨

[CD: 6]

3. 듣고 소리가 같으면 O, 다르면 X표 하십시오.

1) 까 (O) 2) 띠 ( )

3) 뽀 ( ) 4) 쑤 ( )

5) 쯔 ( ) 6) 야 ( )

7) 좌 ( ) 8) 궈 ( )

[CD: 7]

4. 듣고 맞는 것을 고르십시오.

1) (3) ❶ 다 ❷ 타 ❸ 따

2) ( ) ❶ 시 ❷ 씨 ❸ 치

3) ( ) ❶ 겨 ❷ 교 ❸ 규

4) ( ) ❶ 이 ❷ 위 ❸ 의

5) ( ) ❶ 어 ❷ 에 ❸ 예

6) ( ) ❶ 가치 ❷ 카치 ❸ 까치

7) ( ) ❶ 자다 ❷ 차다 ❸ 짜다

8) ( ) ❶ 부리 ❷ 푸리 ❸ 뿌리

9) ( ) ❶ 사가 ❷ 사과 ❸ 사궈

10) ( ) ❶ 이사 ❷ 위사 ❸ 의사

[CD: 8]

5. 듣고 쓰십시오.

1) 빠 2) 3)

4) 5) 6)

반침 연습 1

1. 쓰십시오.

악										
안										
앋										
알										
암										
압										
앗										
앙										
앚										
앛										
앜										
앝										
앞										
앟										

2. 쓰십시오.

학	교	낚	시	부	엌	눈	물	듣	다
필	통	감	자	수	업	무	릎	옷	장
있	다	낮	잠	꽃	병	햇	볕	히	읗

[CD: 9]

3. 듣고 맞는 것을 고르십시오.

1) (3) ❶ 간 ❷ 감 ❸ 강

2) ( ) ❶ 문 ❷ 물 ❸ 뭄

3) ( ) ❶ 독 ❷ 돈 ❸ 돕

4) ( ) ❶ 점 ❷ 접 ❸ 정

5) ( ) ❶ 식다 ❷ 신다 ❸ 싶다

6) ( ) ❶ 전신 ❷ 정신 ❸ 점심

[CD: 10]

4. 듣고 쓰십시오.

1) 김 2) 3)

4) 5) 6)

받침 연습 2

1. 쓰십시오.

몫	과	몫	이	앉	다	앉	아
많	다	많	아	읽	다	읽	어
젊	다	젊	어	넓	다	넓	어
외	곬	핥	다	핥	아	읊	다
잃	다	잃	어	없	다	없	어

제1과 인사

1과 1항

안	녕	하	십	니	까	?			
네	,		안	녕	하	십	니	까	?
리	에	입	니	다	.				
저	는		웨	이	입	니	다	.	

어휘

1. 다음 그림을 보고 빈 칸을 채우십시오.

❶

이	름

❷

친	

❸

	생

❹

		님

문법

N 입니다

2. 다음 단어로 문장을 만드십시오.

❶ 학생 → 학생입니다.

❷ 남자 → ....

❸ 이영수 → ....

❹ 제 친구 → ....

❺ 선생님 → ....

❻ 연세대학교 → ....

3. 다음 그림을 보고 문장을 만드십시오.

❶

서울타워입니다.

❷
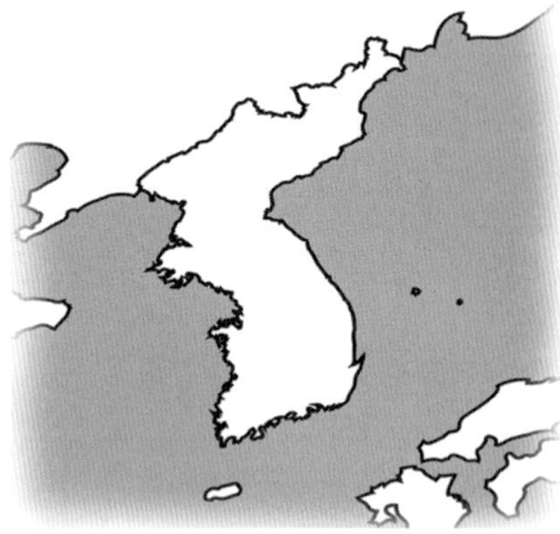

❸

❹

N 은/는

4. 다음을 한 문장으로 만드십시오.

❶ 제 이름 / 김영수입니다. ➔ 제 이름은 김영수입니다.

❷ 마리아 씨 / 제 친구입니다. ➔ ______.

❸ 저 / 샤오밍입니다. ➔ ______.

❹ 선생님 / 여자입니다. ➔ ______.

❺ 제 친구 / 영어 선생님입니다. ➔ ______.

5. 다음 [보기]와 같이 자기소개를 쓰십시오.

> [보기] 안녕하십니까?
> 저는 와타나베 리사입니다.
> 저는 연세대학교 한국어학당 학생입니다.

1과 2항

어느 나라 사람입니까?

미국 사람입니다.

리에 씨는 중국 사람입니까?

아니요, 저는 일본 사람입니다.

아, 그렇습니까?

어휘

1. 다음 지도를 보고 [보기]에서 나라 이름을 골라 쓰십시오.

[보기] 한국 미국 일본 호주 중국 캐나다 러시아

❶ 한국 ❷ .... ❸ .... ❹ ....

❺ .... ❻ .... ❼ ....

2. 다음 그림을 보고 대화를 완성하십시오.

❶

가: 어느 나라 사람입니까?

나: 이집트 사람입니다.

YONSEI KOREAN WORKBOOK 1

❷

가: 어느 나라 사람입니까?

나: ....

❸

가: 어느 나라 사람입니까?

나: ....

❹

가: 어느 나라 사람입니까?

나: ....

❺

가: .... ?

나: ....

❻

가: .... ?

나: ....

문법

N 입니까?

3. 다음을 바꿔 쓰십시오.

❶ 학생입니다. ➔ 학생입니까?

❷ 선생님입니다. ➔ ....?

❸ 친구입니다. ➔ ....?

❹ 서울입니다. ➔ ....?

❺ 호주 사람입니다. ➔ ....?

❻ 유정민 씨입니다. ➔ ....?

4. 다음 그림을 보고 대화를 완성하십시오.

❶

가: 미국 사람입니까?

나: 아니요, 중국 사람입니다.

❷

가: 여자입니까?

나: ....

③

가: 한국입니까?

나: ....

④

가: .... ?

나: 네, 나지원 씨입니다.

⑤

가: .... ?

나: 아니요, 학생입니다.

⑥

가: .... ?

나: 네, ...

1과 3항

회	사	원	입	니	까	?								
아	니	요	,		회	사	원	이		아	닙	니	다	.
그	럼		학	생	입	니	까	?						
네	,		대	학	생	입	니	다	.					

어휘

1. 다음 그림과 단어를 연결하십시오.

❶

❷

❸

❹

❺

- 의사
- 경찰
- 회사원
- 기자
- 간호사

문법

N 이/가 아니다

2. (　　　)안에 알맞은 조사를 쓰십시오.

❶ 학생(이) 아닙니다.

❷ 의사(　　　) 아닙니다.

❸ 저는 나오코(　　　) 아닙니다.

❹ 리에 씨는 한국 사람(　　　) 아닙니다.

❺ 제 친구는 회사원(　　　) 아닙니다.

❻ 우리 선생님은 여자(　　　) 아닙니다. 남자입니다.

3. 다음 그림을 보고 문장을 쓰십시오.

❶

영화배우	가수

저는 가수입니다.

저는 영화배우가 아닙니다.

❷

마이클	제임스

저는 ....

저는 ....

❸

남자	여자

저는 ....

저는 ....

❹

중국 사람	미국 사람

저는 ....

저는 ....

4. 다음 그림을 보고 대화를 완성하십시오.

❶

가: 미선 씨입니까?

나: 아니요, 미선 씨가 아닙니다. 정희 씨입니다.

❷

가: 선생님입니까?

나: 아니요, ...

❸

가: 의사입니까?

나: 아니요, ...

❹

가: 부산입니까?

나: 아니요, ...

❺

가: 오렌지입니까?

나: ....

❻

가: .... ?

나: ....

1과 4항

누구입니까?

제 친구 김영수입니다.

처음 뵙겠습니다.

김미선입니다.

안녕하십니까? 반갑습니다.

어휘

1. 다음 그림을 보고 [보기]에서 단어를 골라 번호를 쓰십시오.

[보기] ❶ 가다 ❷ 입다 ❸ 읽다 ❹ 만나다 ❺ 인사하다 ❻ 가르치다

(❷)

(   )

(   )

(   )

(   )

(   )

문법

Vst 습니다/ㅂ니다 | Vst 습니까?/ㅂ니까?

2. 다음 표를 완성하십시오.

	Vst 습니다	Vst 습니까?
먹다	먹습니다	
읽다		
입다		
듣다		듣습니까?
찾다		
닫다		
앉다		

	Vst ㅂ니다	Vst ㅂ니까?
가다	갑니다	
오다		
자다		
쓰다		
보다		봅니까?
사다		
쉬다		
마시다		
만나다		
일하다		
가르치다		
인사하다		
공부하다		
노래하다		

3. 다음 그림을 보고 대화를 완성하십시오.

❶

가: 먹습니까?

나: 아니요, 잡니다.

❷

가: 일합니까?

나: 네, ______________________.

❸

가: 앉습니까?

나: 아니요, ______________________.

❹

가: 읽습니까?

나: ______________________.

❺

가: ______________________?

나: 네, 가르칩니다.

❻

가: ______________________?

나: ______________________.

1과 5항

어휘와 문법

1. 다음 [보기]에서 알맞은 단어를 골라 (   ) 안에 쓰십시오.

[보기] 영국 이름 의사 간호사 여자 친구

처음 뵙겠습니다.
제 (이름)은/는 타이거 잭슨입니다.
저는 (   ) 사람입니다.
저는 학생이 아닙니다. (   )입니다.
이 사람은 제 (   )입니다. (   )입니다.

2. 다음 그림을 보고 [보기]에서 알맞은 인사말을 골라 쓰십시오.

[보기]	안녕하십니까?	안녕히 가십시오.	안녕히 계십시오.
	안녕히 주무십시오.	처음 뵙겠습니다.	어서 오십시오.

❶

안녕히 가십시오.

❷

❸

❹

❺

❻

3. 다음 [보기]에서 알맞은 조사를 골라 (　　)안에 쓰십시오.

[보기] 은/는　　이/가

안녕하십니까? 제 이름(　은　) 최세호입니다. 일본에서 왔습니다.
저(　　　) 일본 사람(　　　) 아닙니다. 한국 사람입니다.
저(　　　) 학생(　　　) 아닙니다. 회사원입니다.
날마다 열심히 일합니다.

4. 다음 그림을 보고 대답하십시오.

❶ 가 : 일본 사람입니까?
　나 : 아니요, 일본 사람이 아닙니다. 한국 사람입니다.

❷ 가 : 학생입니까?
　나 : ……………………………………………………….

❸ 가 : 김영수입니까?
　나 : ……………………………………………………….

❹ 가 : 먹습니까?
　나 : ……………………………………………………….

❺ 가 : 읽습니까?
　나 : ……………………………………………………….

듣기 연습 [CD: 11~12]

5. 다음 문장을 듣고 그림과 같으면 O, 다르면 X표 하십시오.

❶

(　　　)

❷

(　　　)

❸

(　　　)

❹

(　　　)

6. 다음 이야기를 듣고 대답하십시오.

1)

이름	어느 나라 사람입니까?
샤오밍	
이사벨	
마리	
후엔	

2) 들은 내용과 같으면 O, 다르면 X표 하십시오.

❶ 샤오밍 씨는 지금 학생입니다. (　　　)

❷ 이사벨 씨는 경찰입니다. (　　　)

❸ 마리 씨 고향은 치바입니다. (　　　)

❹ 후엔 씨는 간호사입니다. (　　　)

읽기 연습

7. 다음 글을 읽고 질문에 대답하십시오.

처음 뵙겠습니다.
저는 스티브입니다.
미국 샌프란시스코에서 왔습니다.
버클리대학교 학생입니다.
날마다 열심히 공부합니다.
많이 배웁니다.

위 글의 내용과 같으면 O, 다르면 X표 하십시오.

❶ 이 사람 이름은 스티브입니다. (   )
❷ 이 사람은 중국 사람입니다. (   )
❸ 이 사람은 대학생입니다. (   )
❹ 이 사람은 날마다 열심히 일합니다. (   )

말하기 연습

8. 다음 그림을 보고 [보기]에서 알맞은 문장을 골라 질문하십시오.

[보기]
❶ 일본 어디에서 왔습니까?
❷ 어느 나라 사람입니까?
❸ 안녕하십니까?
❹ 이름이 무엇입니까?
❺ 직업이 무엇입니까?

가: .... ❸ .... ?
나: 네, 안녕하십니까? 반갑습니다.
가: .... ?
나: 준코입니다.
가: .... ?
나: 일본 사람입니다.
가 .... ?
나: 저는 도쿄에서 왔습니다.
가: .... ?
나: 가수입니다.

위와 같이 친구들에게 질문하고 다음 표를 완성하십시오.

친구 이름	국적	고향	직업
① 준코	일본	도쿄	가수
②			
③			
④			
⑤			

9. 다음 그림을 보고 [보기]와 같이 자기소개를 하십시오.

[보기]
안녕하십니까?
처음 뵙겠습니다.
저는 요시다 리에입니다.
저는 일본 사람입니다.
저는 학생이 아닙니다. 은행원입니다.
열심히 일합니다.

①

②

③

④

여러분을 소개하십시오.

제2과 학교와 집

2과 1항

어휘

1. 다음 그림을 보고 맞는 것을 고르십시오.

	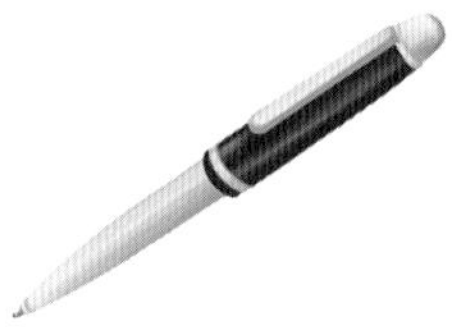	
❶ (여권, 연필)	❷ (볼펜, 사전)	❸ (지우개, 교과서)
		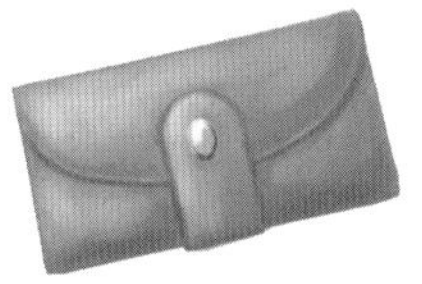
❹ (돈, 공책)	❺ (열쇠, 수첩)	❻ (휴지, 지갑)

2. 다음 그림을 보고 대화를 완성하십시오.

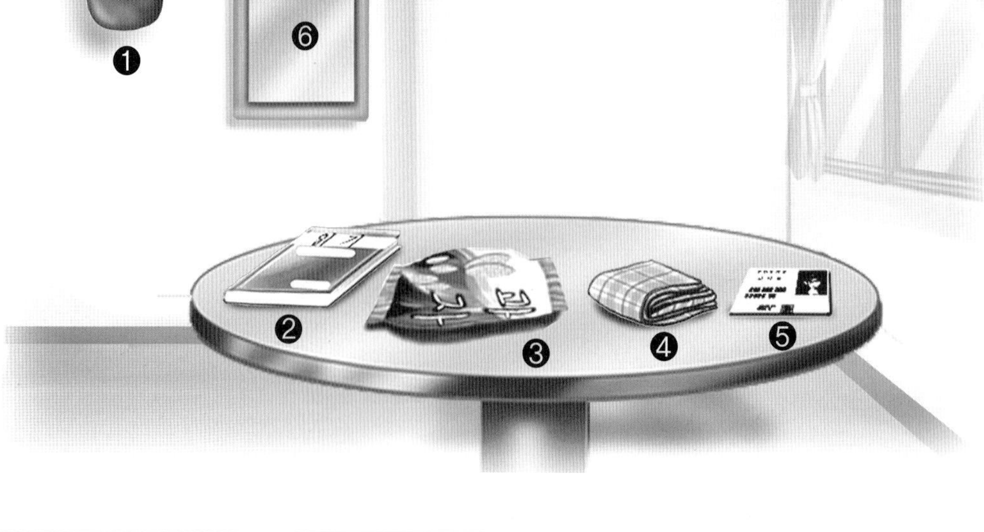

❶ 가: 신분증입니까?
나: 아니요, 모자입니다 ____________.

❷ 가: 읽기 책입니까?
나: 네, ____________.

❸ 가: 필통입니까?
나: 아니요, ____________.

❹ 가: 손수건입니까?
나: 네, ____________.

❺ 가: 무엇입니까?
나: ____________.

❻ 가: 무엇입니까?
나: ____________.

문법

N 이/가

3. (　　)안에 알맞은 조사를 쓰십시오.

❶ 그 책(이) 읽기 책입니다.
❷ 친구(　　) 대학생입니다.
❸ 웨이 씨(　　) 중국 사람입니다.
❹ 학생(　　) 공부합니다.
❺ 가수(　　) 노래합니다.
❻ 은행원(　　) 인사합니다.

4. 다음을 한 문장으로 만드십시오.

❶ 경찰관 / 오다 → 경찰관이 옵니다.
❷ 회사원 / 일하다 → ____________
❸ 미선 씨 / 쉬다 → ____________
❹ 이것 / 사전이다 → ____________
❺ 친구 / 기자이다 → ____________
❻ 저 / 미국 사람이다 → ____________

이, 그, 저

5. 다음 그림을 보고 대화를 완성하십시오.

①

제임스 : 이것이 돈입니까?

미선 : 네, 돈입니다.

②

제임스 : 그것이 연필입니까?

미선 : 아니요, ...

③

제임스 : 저것이 무엇입니까?

미선 : ....

④

제임스 : .... ?

미선 : 네, 수첩입니다.

⑤

제임스 : .... ?

미선 : 아니요, 가방이 아닙니다.
모자입니다.

⑥

제임스 : .... ?

미선 : 사전입니다.

2과 2항

어휘

1. 다음 그림을 보고 단어가 그림에 있으면 O, 없으면 X표 하십시오.

❶ 지도 (　X　)　　❷ 칠판 (　　　)　　❸ 의자 (　　　)

❹ 그림 (　　　)　　❺ 창문 (　　　)　　❻ 텔레비전 (　　　)

2. 반대말을 연결하고 대화를 완성하십시오.

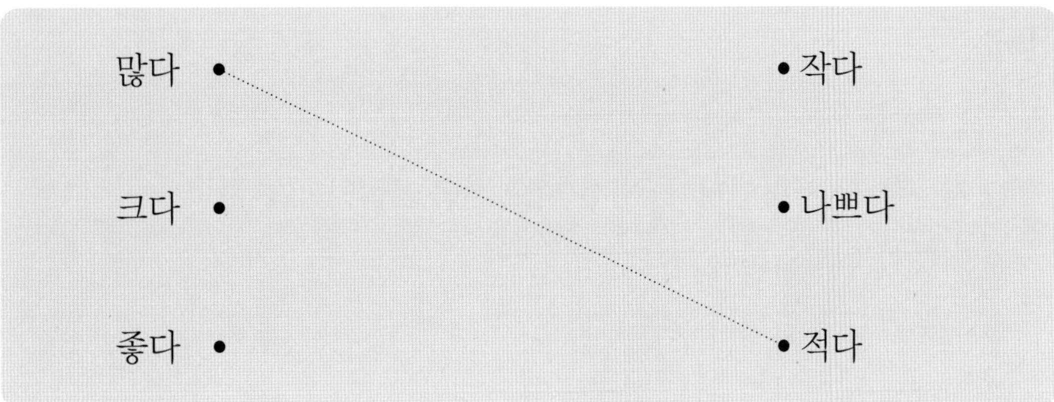

① 가 : 책이 많습니까?
나 : 네, 책이 많습니다 ....

② 가 : 돈이 많습니까?
나 : 아니요, ...

③ 가 : 텔레비전이 큽니까?
나 : 네, ...

④ 가 : 지우개가 큽니까?
나 : 아니요, ...

⑤ 가 : 연세대학교가 좋습니까?
나 : 네, ...

⑥ 가 : 날씨가 좋습니까?
나 : 아니요, ...

문법

N 도

3. 다음 문장을 완성하십시오.

① 저는 한국 사람입니다. 미선 씨도 한국 사람입니다 ....
② 이것이 의자입니다. 저것 ....
③ 친구가 공부합니다. 저 ....
④ 선생님이 인사합니다. 학생들 ....
⑤ 칠판이 큽니다. 지도 ....
⑥ 책이 많습니다. 볼펜 ....

4. 다음 대화를 완성하십시오.

❶

가 : 이것이 문입니까?

나 : 네, 문입니다.

가 : 저것도 문입니까 ....?

나 : 아니요, 저것은 창문입니다.

❷

가 : ....?

나 : 네, 공부합니다.

가 : ....?

나 : 아니요, 선생님은 가르칩니다.

❸

가 : 미선 씨가 잡니까?

나 : 네, 잡니다.

가 : ....?

나 : 네, 마리 씨도 잡니다.

❹

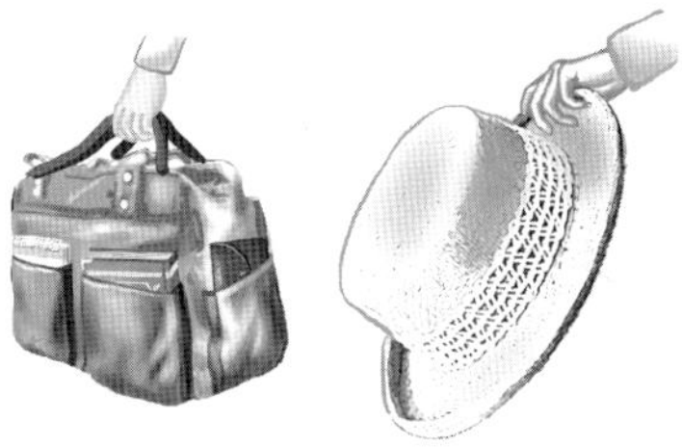

가 : 가방 ....?

나 : 네, 큽니다.

가 : ....?

나 : 네, 모자도 큽니다.

❺

가 : 제임스 씨 ....?

나 : 네, 기자입니다.

가 : ....?

나 : 네, 영수 씨도 기자입니다.

❻

가 : ....?

나 : 네, 많습니다.

가 : ....?

나 : 아니요, 공책은 적습니다.

있다, 없다

5. 다음 그림을 보고 '있다, 없다'를 사용해서 문장을 만드십시오.

❶ 옷걸이 ➔ 옷걸이가 없습니다.
❷ 책상 ➔ ....
❸ 텔레비전 ➔ ....
❹ 의자 ➔ ....
❺ 학생 ➔ ....
❻ 선생님 ➔ ....

6. 다음 대화를 완성하십시오.

❶ 가 : 공책이 있습니까?
나 : 아니요, 공책이 없습니다.

❷ 가 : 창문이 있습니까?
나 : 네, ...

❸ 가 : 의사 선생님이 계십니까?
나 : 네, ...

❹ 가 : ....?
나 : 네, 일본 사람이 있습니다.

❺ 가 : ....?
나 : 아니요, 돈이 없습니다.

❻ 가 : ....?
나 : 아니요, 김 교수님이 안 계십니다.

2과 3항

어휘

1. 다음 그림을 보고 빈 칸을 채우십시오.

❶ 

교 실

❷ 

서 □

❸ 

□ 당

❹ 

우 □ □

❺ 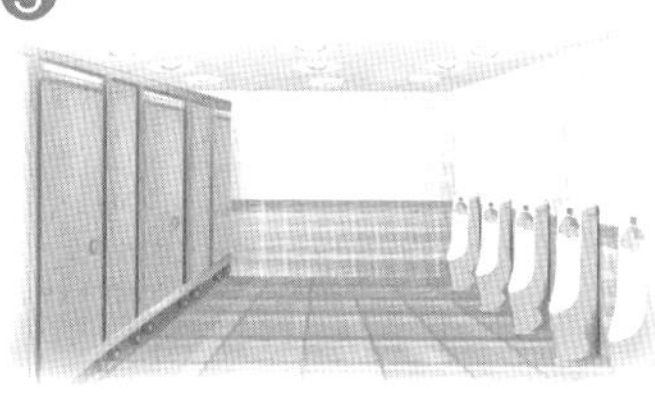

□ 장 □

❻ 

□ □ 실

2. 다음 그림을 보고 (　　)안에 알맞은 단어를 쓰십시오.

❶  책상 (앞) ❷  책상 (　　　) ❸  책상 (　　　)

❹  책상 (　　　) ❺  책상 (　　　) ❻  책상 (　　　)

문법

N 에

3. 다음 단어를 사용해서 문장을 만드십시오.

❶ 화장실 / 사무실 옆 / 있습니다. ➔ 화장실이 사무실 옆에 있습니다.

❷ 교실 안 / 학생 / 없습니다. ➔ ....

❸ 학생들 / 의자 / 앉습니다. ➔ ....

❹ 지갑 안 / 돈 / 있습니까? ➔ ....

❺ 방 / 무엇 / 없습니까? ➔ ....

❻ 어디 / 전화 / 있습니까? ➔ ....

4. 다음 그림을 보고 대화를 완성하십시오.

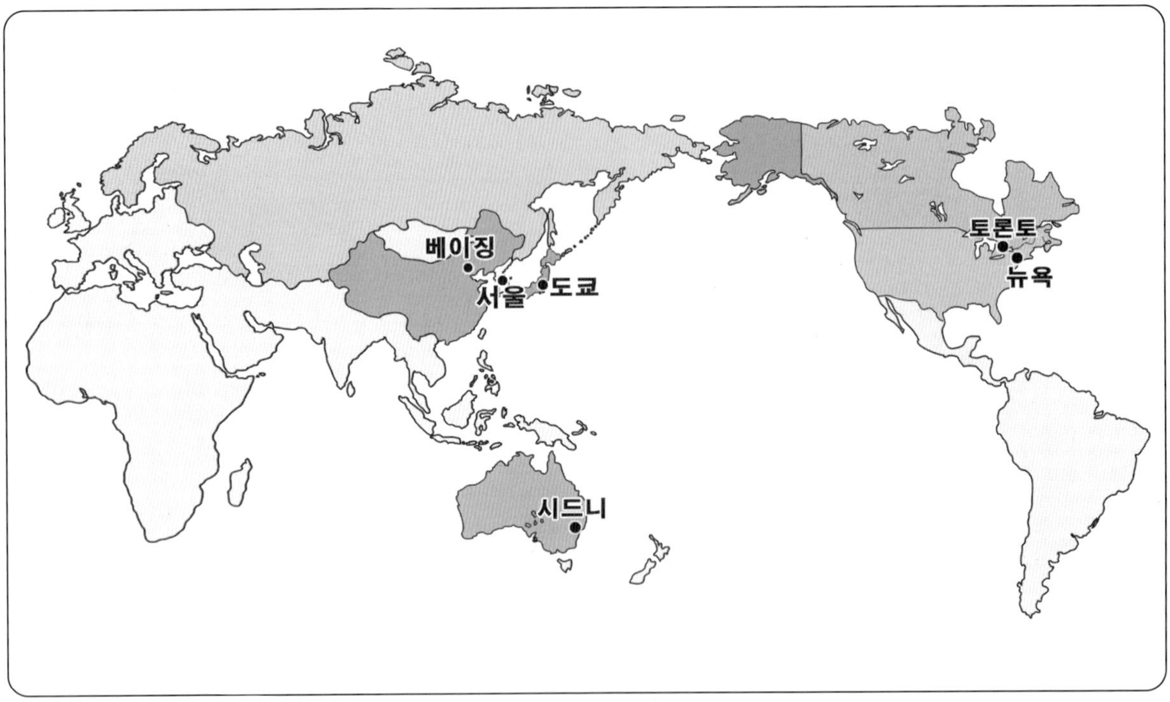

❶ 가 : 도쿄가 한국에 있습니까?

나 : 아니요, 일본에 있습니다 .

❷ 가 : 베이징이 중국에 있습니까?
　나 : 네, ______________________.

❸ 가 : 시드니가 캐나다에 있습니까?
　나 : 아니요, ______________________.

❹ 가 : 뉴욕이 어디에 있습니까?
　나 : ______________________.

❺ 가 : ______________________?
　나 : 네, 한국에 있습니다.

❻ 가 : ______________________?
　나 : 캐나다에 있습니다.

2과 4항

어휘

1. 다음 그림을 보고 [보기]에서 알맞은 단어를 골라 쓰십시오.

[보기] 백화점 회사 병원 극장 시장 가게

❶ 회사

❷

❸

❹

❺

❻

2. 다음 그림을 보고 대화를 완성하십시오.

❶ 가 : 경찰관이 어디에 있습니까?

나 : 공원 앞에 있습니다 .

❷ 가 : 여자가 어디에 있습니까?

나 : ____________________ .

❸ 가 : 차가 어디에 있습니까?

나 : ____________________ .

❹ 가 : ____________________ ?

나 : 극장 옆에 있습니다.

❺ 가 : ____________________ ?

나 : 가게 밖에 있습니다.

❻ 가 : ____________________ ?

나 : ____________________ .

문법

N하고 N

3. 다음을 한 문장으로 만드십시오.

❶ 연필이 있습니다. 볼펜도 있습니다. ➔ 연필하고 볼펜이 있습니다.

❷ 침대가 없습니다. 냉장고도 없습니다. ➔ ____________________

❸ 박 선생님이 계십니다. 김 선생님도 계십니다. ➔ ____________________

❹ 공책이 많습니다. 연필도 많습니다. ➔ ____________________

❺ 러시아가 큽니다. 캐나다도 큽니다. ➔ ____________________

❻ 친구가 공부합니다. 저도 공부합니다. ➔ ____________________

4. 다음 대화를 완성하십시오.

❶ 가 : 잠실에 무엇이 있습니까? (롯데 백화점 / 극장)

나 : 롯데 백화점하고 극장이 있습니다 .

❷ 가 : 신촌에 무엇이 있습니까? (연세대학교 / 병원)

나 : ______________________.

❸ 가 : 방에 무엇이 있습니까? (침대 / 텔레비전)

나 : ______________________.

❹ 가 : 교실에 누가 있습니까? (선생님 / 학생)

나 : ______________________.

❺ 가 : 가게에 무엇이 많습니까?

나 : ______________________.

❻ 가 : 교실에 무엇이 많습니까?

나 : ______________________.

5. 여러분이 사는 집 근처를 그리고 [보기]처럼 쓰십시오.

[보기] 우리 집은 신촌에 있습니다.
우리 집 근처에는 극장하고 백화점이 있습니다.
극장 옆에 약국이 있습니다.
백화점 뒤에 공원이 있습니다.
신촌에는 버스 정류장이 많습니다.
가게하고 식당도 많습니다.

우리 집은

2과 5항

어휘와 문법

1. 관계있는 단어를 연결하십시오.

(교실) 도서관 돈 볼펜

병원 책 휴지

냉장고 (칠판) 은행 화장실

의사 우유 필통

2. 다음 질문을 읽고 있으면 O, 없으면 X표 하십시오.

1) 여러분의 교실에 무엇이 있습니까?

분필	지도	달력	거울	책상
○				

2) 여러분의 방에 무엇이 있습니까?

그림	텔레비전	의자	창문	옷걸이

3) 여러분의 가방 안에 무엇이 있습니까?

지갑	열쇠	사전	여권	손수건

4) 여러분의 집 근처에 무엇이 있습니까?

극장	병원	약국	식당	시장

3. [보기]에서 알맞은 조사를 골라 쓰십시오.

[보기]	이/가	은/는	도	에	하고

❶ 교회(가) 있습니다. 커피숍(도) 있습니다.

❷ 연필(   ) 많습니다. 공책(   ) 많습니다.

❸ 책상 위(   ) 사전(   ) 없습니다.

❹ 백화점(   ) 서울(   ) 많습니다.

❺ 친구(   ) 제가 공부합니다.

❻ 저(   ) 미국 사람(   ) 아닙니다. 영국 사람입니다.

4. 다음 그림을 보고 대화를 완성하십시오.

제임스 : 이것이 열쇠입니까?

미선 : ❶ 네, 그렇습니다.

제임스 : 그럼, 그것은 무엇입니까?

미선 : ❷ ______.

제임스 : 방에 거울이 있습니까?

미선 : ❸ ______.

제임스 : ❹ ______?

미선 : 아니요, 달력은 없습니다.

제이스 : 책상 위에 무엇이 있습니까?

미선 : ❺ ______.

제임스 : ❻ ______?

미선 : 책상 옆에 있습니다.

5. 다음 이야기를 읽고 맞는 것을 고르십시오.

저는 츠베토바 안드레이(입니다, 있습니다). 러시아 사람(입니다, 있습니다). 부모님이 (있습니다, 계십니다). 저는 대학생(입니다, 있습니다). 학교 이름이 모스크바 대학교(입니다, 있습니다). 학생이 (많습니다, 큽니다). 중국 학생이 (입니다, 있습니다). 한국 학생도 (입니다, 있습니다). 중국 학생이 (많습니다, 큽니다). 한국 학생도 (많습니다, 적습니다). 저는 중국 친구가 (입니다, 있습니다). 친구 이름이 왕 신빙(입니다, 있습니다). 남자(입니다, 있습니다). 저는 한국 친구는 (있습니다, 없습니다).

듣기 연습

[CD: 13~14]

6. 다음 대화를 듣고 맞는 그림을 고르십시오.

1) (   )

2) (   )

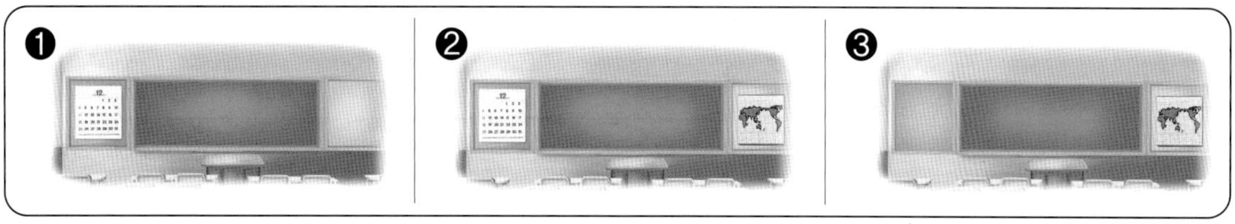

3) (   )

7. 다음 이야기를 듣고 그림에서 물건의 번호를 찾아 쓰십시오.

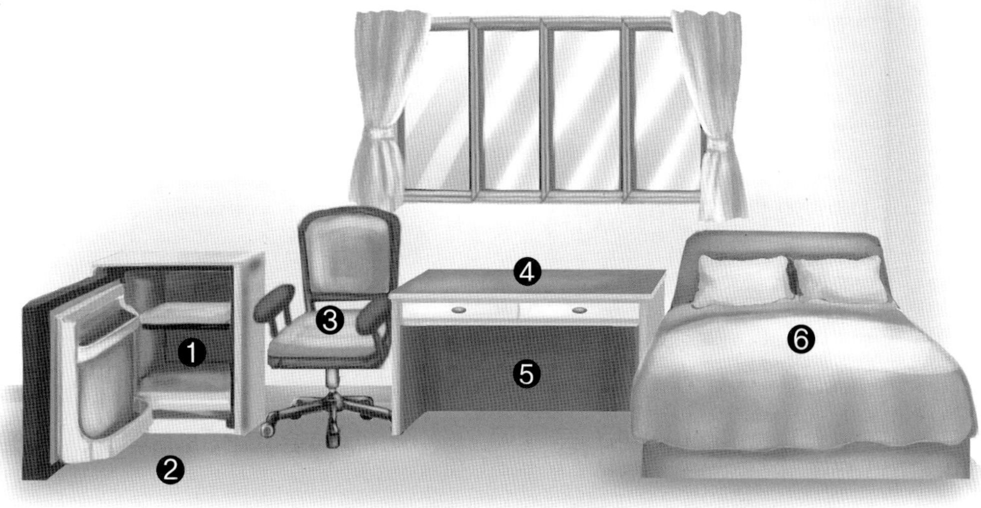

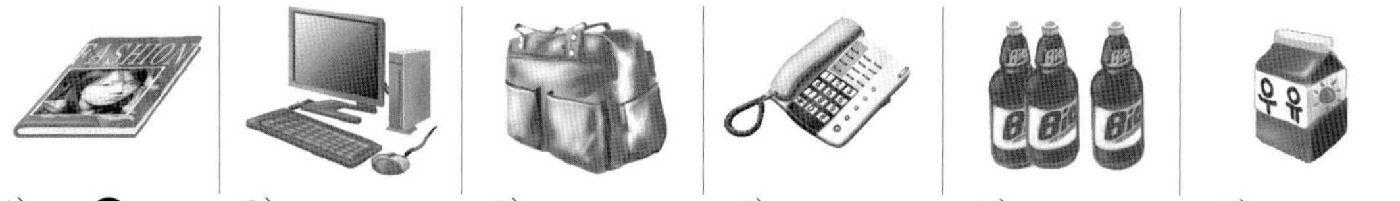

1) ❻ 2) ………… 3) ………… 4) ………… 5) ………… 6) …………

읽기 연습

8. 다음 글을 읽고 아래 문장에서 틀린 부분을 고치십시오.

마리아 씨하고 미선 씨는 친구입니다. 마리아 씨는 러시아 사람이고 미선 씨는 한국 사람입니다. 마리아 씨하고 미선 씨는 연세대학교 학생입니다.

마리아 : 미선 씨는 집이 어디입니까?
미선 : 잠실입니다. 마리아 씨는 집이 어디입니까?
마리아 : 신촌입니다. 미선 씨 집 근처에 무엇이 있습니까?
미선 : 롯데월드하고 백화점이 있습니다.
마리아 : 공원도 있습니까?
미선 : 네, 공원이 있습니다.
마리아 : 대학교도 있습니까?
미선 : 아니요, 대학교는 없습니다.

❶ 마리아 씨는 미국사람입니다.

➔ 마리아 씨는 러시아 사람입니다 .

❷ 미선 씨는 연세대학교 선생님입니다.

➔ .

❸ 마리아 씨 집은 잠실에 있습니다.

➔ .

❹ 미선 씨 집 근처에 대학교가 있습니다.

➔ .

❺ 신촌에 롯데월드하고 백화점이 있습니다.

➔ .

말하기 연습

9. 다음 질문을 사용해서 친구에게 [보기]와 같이 질문하고 '있다, 없다' 에 O표 하십시오.

[보기]

가 : 방에 침대가 있습니까?

나 : 네, 있습니다.

가 : 책상도 있습니까?

나 : 아니요, 없습니다.

[질문]

............이/가 있습니까?

............은/는 있습니까?

............도 있습니까?

............도 없습니까?

질문		친구 1 ( )		친구 2 ( )		친구 3 ( )	
	물건	있다	없다	있다	없다	있다	없다
방	책상	○					
	컴퓨터		○				
	거울						
	침대						
	달력						
가방	필통						
	과자						
	교과서						
	휴지						
지갑	카드						
	돈						
	신분증						
학교 근처	백화점						
	은행						
	우체국						
	공원						

10. 다음 표의 질문으로 친구들과 이야기 하십시오.

질문	친구 1	친구 2
1) 집이 어디입니까?		
2) 집 근처에 무엇이 있습니까?		
3) 집 근처에 ....도 있습니까? (은행, 병원, 서점…)		
4) ....이/가 어디에 있습니까? (은행, 병원, 서점…)		
5) 이것이 ....입니까? (책, 사전, 연필…)		
6) 이것/그것/저것은 무엇입니까?		

쉼터 1- 단어 찾기 게임

다음 글자판에서 여러분이 아는 단어를 모두 찾으십시오.
방향은 [→]과 [↓]이고 모두 25개의 단어가 있습니다.

지	두	창	문	아	인	선	생	님	고
옷	걸	리	이	지	도	골	러	희	여
라	오	문	름	갑	길	우	체	국	권
호	주	시	금	저	통	리	산	주	스
비	탕	학	교	다	신	멋	거	숙	저
사	람	조	실	개	문	크	아	라	넌
전	허	익	고	처	백	화	점	붐	의
안	거	교	한	국	요	장	시	기	자
가	울	회	사	원	처	실	달	종	시
영	필	반	에	저	음	귀	럭	위	미

찾은 단어가 몇 개입니까?

☹ 5개 이하 : 더 열심히 공부하십시오.

😐 6 – 10개 : 좋습니다.

☺ 13 – 20개 : 아주 잘 했습니다!

😍 21개 이상 : 단어 왕입니다!

제3과 가족과 친구

3과 1항

어휘

1. 관계있는 그림의 번호를 쓰십시오.

1) 일을 합니다. (❷)　　2) 노래를 합니다. ( )

3) 숙제를 합니다. ( )　　4) 산책을 합니다. ( )

5) 운동을 합니다. ( )　　6) 이야기를 합니다. ( )

2. 다음 달력을 보고 [보기]에서 알맞은 단어를 골라 ( ) 안에 쓰십시오.

일요일	월요일	화요일	수요일	목요일	금요일	토요일
				1 한국말 /회사	2 한국말 /회사	3 영화
4 운동	5 한국말 /회사	6 한국말 회사/영화	7 한국말 회사/산책	8 한국말 회사/운동	9 한국말 회사/영화	10 미선씨와 만남
11 운동	12 한국말 회사/운동	13 한국말 /회사	14 한국말 회사/영화	15 한국말 회사/운동	16 한국말 /회사	17 영화
18	19 한국말 회사/영화	20 한국말 회사/운동	21 한국말 회사/영화	22 한국말 회사/미선씨와 만남	23 한국말 회사/산책	24 운동

[보기] 가끔 자주 날마다

존슨 씨는 (날마다) 일을 합니다. 그리고 ( ) 한국말을 공부합니다. 존슨 씨는 영화하고 운동을 좋아합니다. 그래서 영화를 ( ) 봅니다 운동도 ( ) 합니다. 존슨 씨는 ( ) 미선 씨를 만납니다. 산책도 ( ) 합니다.

문법

N 을/를

3. ( )안에 알맞은 조사를 쓰십시오.

1. 저는 운동(을) 합니다.
2. 학생들이 교과서( ) 읽습니다.
3. 마이클 씨는 라디오( ) 듣습니다.
4. 여자가 거울( ) 봅니다.
5. 한국 사람은 김치( ) 좋아합니다.
6. 미선 씨하고 리에 씨가 산책( ) 합니다.

4. 관계있는 단어를 연결하고 문장으로 쓰십시오.

1. 친구 • • 읽다 → 신문을 읽습니다.
2. 신문 • • 입다 → .
3. 갈비 • • 쓰다 → .
4. 옷 • • 만나다 → .
5. 한글 • • 마시다 → .
6. 우유 • • 먹다 → .

5. 다음 대화를 완성하십시오.

❶

가 : 무엇을 읽습니까?

나 : 잡지를 읽습니다 .

❷

가 : 무엇을 마십니까?

나 : ....

❸

톰 크루즈

가 : 누구를 좋아합니까?

나 : ....

❹

가 : 무엇을 합니까?

나 : ....

❺

가 : .... ?

나 : 영어를 가르칩니다.

❻

가 : .... ?

나 : 친구를 만납니다.

3과 2항

어휘

1. 다음 표를 완성하십시오.

	1	2	3	4	5	6	7	8	9	10
	하나						일곱			
				네 권						열 권

2. 다음 그림을 보고 대화를 완성하십시오.

❶

가 : 모자가 몇 개 있습니까?

나 : 세 개 있습니다.

❷

가 : 공책이 몇 권 있습니까?

나 : ______________________.

❸

가 : 교실에 학생이 몇 명 있습니까?

나 : ______________________.

❹

가 : ______________________?

나 : 사과가 일곱 개 있습니다.

❺

가 : ______________________?

나 : ______________________.

3. 다음 그림을 보고 알맞은 단어를 쓰십시오.

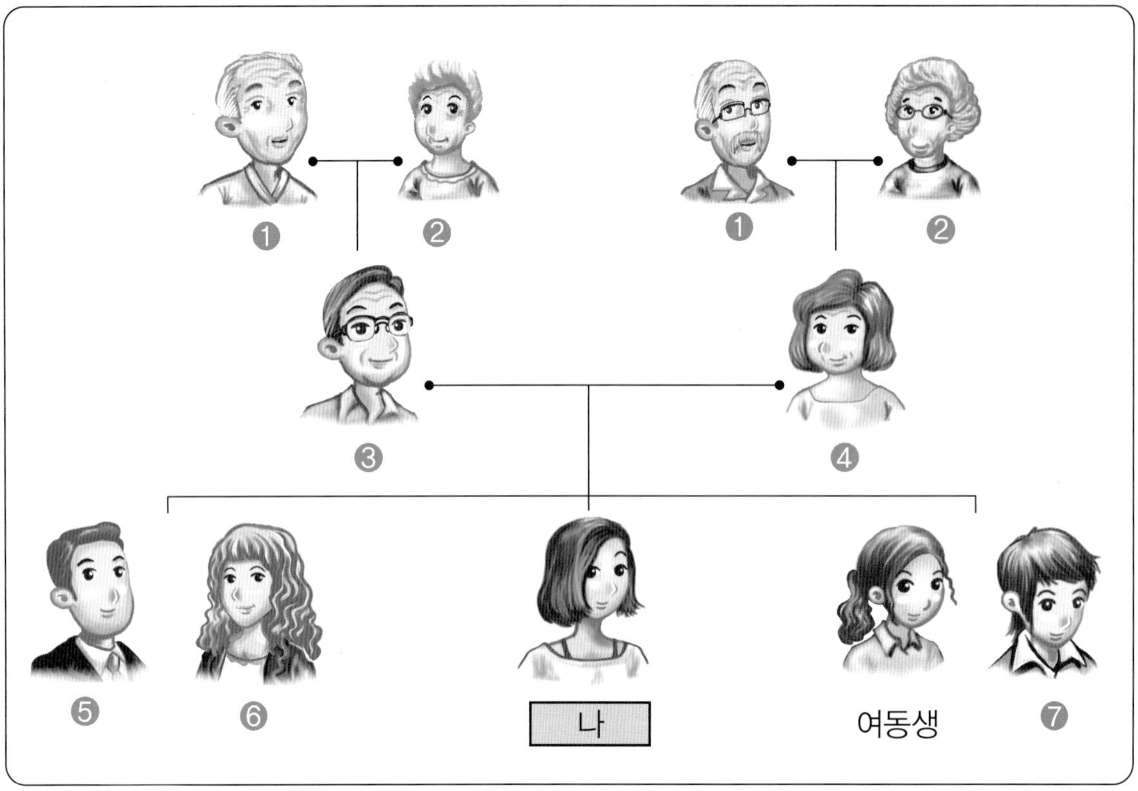

❶ 할아버지 ❷ ______ ❸ ______ ❹ ______

❺ ______ ❻ ______ ❼ ______

문법

-으시/시-

4. 다음 문장을 바꿔 쓰십시오.

❶ 친구가 책을 읽습니다. ➔ 아버지께서 책을 읽으십니다. (아버지)

❷ 제가 일합니다. ➔ ______ (어머니)

❸ 샤오밍 씨가 앉습니다. ➔ ______ (선생님)

❹ 동생이 병원에 있습니다. ➔ ______ (할머니)

❺ 언니가 말합니다. ➔ ______ (교수님)

❻ 형이 김치를 먹습니다. ➔ ______ (할아버지)

5. 다음 그림을 보고 대화를 완성하십시오.

❶ 가 : 아버지께서 무엇을 하십니까?

나 : 아버지께서 텔레비전을 보십니다 .

❷ 가 : 할아버지께서 무엇을 하십니까?

나 : ______________________.

❸ 가 : ______________________?

나 : 할머니께서 신문을 읽으십니다.

❹ 가 : ______________________?

나 : 형이 음악을 듣습니다.

❺ 가 : ______________________?

나 : ______________________.

6. 다음 이야기를 읽고 맞는 것을 고르십시오.

안녕하십니까? 제 이름은 마이클 (입니다, 이십니다).
우리 부모님은 미국에 (있습니다, 계십니다).
우리 어머니께서는 한국 사람(입니다, 이십니다).
저는 지금 한국 할머니(집, 댁)에 (있습니다, 계십니다).
저는 한국 친구가 (많습니다, 많으십니다).
부모님도 한국 친구가 (많습니다, 많으십니다).
그분들을 자주 (만납니다, 만나십니다).
저는 부모님을 (사랑합니다, 사랑하십니다).
부모님께서도 저를 (사랑합니다, 사랑하십니다).

3과 3항

어휘

1. 다음 단어와 관계있는 단어를 쓰십시오.

❶ 넓다 : 바다 , 러시아 , 연세대학교
❷ 덥다 : ______ , ______ , ______
❸ 예쁘다 : ______ , ______ , ______
❹ 복잡하다 : ______ , ______ , ______
❺ 조용하다 : ______ , ______ , ______
❻ 시원하다 : ______ , ______ , ______

2. 다음 그림을 보고 [보기]에서 알맞은 단어를 골라 밑줄에 쓰십시오.

[보기]

많다 춥다
맛있다 시끄럽다
깨끗하다 재미있다

오늘은 날씨가 춥습니다 ~~습니다/ㅂ니다~~.
여기는 제 하숙집 방입니다. 제 방은 ______ 습니다/ㅂ니다.
지금 방에 사람이 ______ 습니다/ㅂ니다.
우리는 파티를 합니다.
록 음악을 듣습니다. 록 음악이 ______ 습니다/ㅂ니다.
우리는 음식을 먹습니다. 음식이 ______ 습니다/ㅂ니다.
우리는 이야기도 많이 합니다. 파티는 ______ 습니다/ㅂ니다.

문법

Vst 고

3. 관계있는 문장을 연결하고 한 문장으로 만드십시오.

❶ 여자 친구가 예쁩니다. •	• 시끄럽습니다.
❷ 식당이 복잡합니다. •	• 더럽습니다.
❸ 방이 좁습니다. •	• 친절합니다.
❹ 이 분은 의사입니다. •	• 동생은 주스를 마십니다.
❺ 서울은 한국에 있습니다. •	• 저 분은 간호사입니다.
❻ 저는 밥을 먹습니다. •	• 런던은 영국에 있습니다.

❶ 여자 친구가 예쁘고 친절합니다 .

❷ ______________________ .

❸ ______________________ .

❹ ______________________ .

❺ ______________________ .

❻ ______________________ .

4. 다음 문장을 완성하십시오.

❶ 백화점이 크고 좋습니다 .

❷ 친구가 친절하고 ______________ .

❸ 연세대학교가 __________ 고 __________ .

❹ 우리 선생님이 __________ 고 __________ .

❺ 가: 냉면이 어떻습니까?

나: __________ 고 __________ .

❻ 가: 동대문시장이 어떻습니까?

나: __________ 고 __________ .

3과 4항

어휘

1. 다음 [보기]에서 알맞은 단어를 골라 쓰십시오.

[보기] 의학 법학 영문학 생물학 역사학 경영학 정치학 컴퓨터공학

❶ 컴퓨터공학

❷

❸

❹

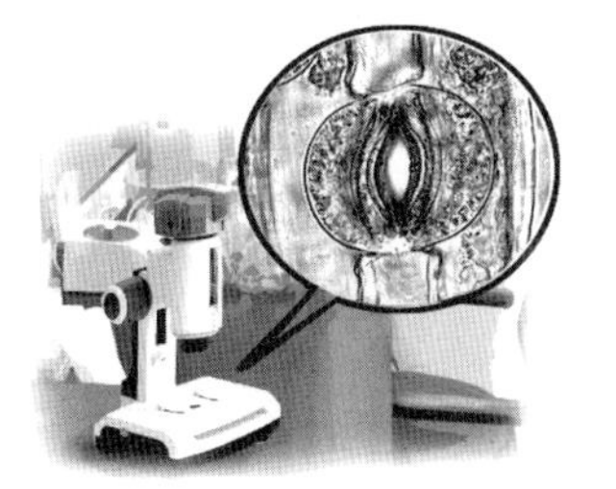

❺

❻

2. 다음 ( ) 안에 알맞은 단어를 쓰십시오.

❶ 제 전공은 (러시아 문학)입니다. 저는 러시아어 선생님입니다.

❷ 승호 씨는 변호사입니다. ( )이/가 전공입니다.

❸ 우리 형 전공은 ( )입니다. 지금 회사 사장님입니다.

❹ 피터 씨는 ( )을/를 전공합니다. 셰익스피어를 공부합니다.

❺ 우리 아버지는 의사이십니다. 대학교 때 전공이 ( )입니다.

문법

N 에서

3. 관계있는 단어를 연결하고 문장으로 쓰십시오.

❶ 은행 •	• 생선을 사다
❷ 서점 •	• 돈을 찾다
❸ 시장 •	• 책을 빌리다
❹ 극장 •	• 영화를 보다
❺ 학교 •	• 잡지를 사다
❻ 도서관 •	• 한국말을 배우다

❶ 은행에서 돈을 찾습니다.

❷ ______.

❸ ______.

❹ ______.

❺ ______.

❻ ______.

4. 다음 대화를 완성하십시오.

❶

맥도날드	학생 식당	레스토랑

가 : 어디에서 점심을 먹습니까?

나 : 학생 식당에서 먹습니다.

❷

공원	친구집	커피숍

가 : 어디에서 친구를 만납니까?

나 : ______.

③ | 남대문시장 | 현대백화점 | 이대 앞 |
|---|---|---|

가 : 어디에서 시계를 삽니까?

나 : ....

④ | 집 | 학교 | 도서관 |
|---|---|---|

가 : .... ?

나 : 집에서 숙제를 합니다.

⑤ | 회사 | 병원 | 은행 |
|---|---|---|

가 : .... ?

나 : 은행에서 일을 합니다.

⑥ | 집 근처 | 공원 | 운동장 |
|---|---|---|

가 : .... ?

나 : ....

5. 다음 이야기를 읽고 맞는 것을 고르십시오.

저는 브라질(에, 에서) 왔습니다.
저는 커피를 아주 좋아합니다.
그래서 날마다 커피숍(에, 에서) 커피를 마십니다.
집(에도, 에서도) 마십니다.
브라질(에, 에서) 여러 가지 커피가 있습니다.
한국(에도, 에서도) 여러 가지 커피가 있습니다.

3과 5항

어휘와 문법

1. 다음 단어와 관계있는 것을 고르십시오.

❶ 형제	할머니	아버지	남동생	어머니
❷ 가족	친구	누나	학생	선생님
❸ 산책	식당	교실	약국	공원
❹ 덥다	봄	여름	가을	겨울
❺ 공부하다	병원	가게	교실	우체국
❻ 조용하다	시장	백화점	도서관	롯데월드

2. 다음 [보기]에서 알맞은 단어를 골라 (　　)안에 쓰십시오.

[보기] 권　명　형제　전공　날마다　많다　예쁘다　재미있다

우리 (형제) 은 / 는 누나, 남동생, 그리고 저 모두 세 (　　　　)입니다.
우리 누나는 (　　　　)고 공부도 잘 합니다.
누나의 (　　　　)은/는 경영학입니다.
남동생은 운동을 좋아합니다. 그래서 (　　　　) 운동을 합니다.
저는 영화를 좋아합니다. 그래서 집에 영화 잡지가 (　　　　)습니다/ㅂ니다.
한국 영화 잡지도 다섯 (　　　　) 있습니다.
영화 잡지는 참 (　　　　)습니다/ㅂ니다.

3. 다음 [보기]에서 알맞은 단어를 골라 (   ) 안에 쓰십시오.

[보기] 몇 어느 어디 누구 무엇

❶ 가 : (무엇)을/를 합니까?
나 : 숙제를 합니다.

❷ 가 : (   )에서 옷을 삽니까?
나 : 동대문시장에서 삽니다.

❸ 가 : 한국 친구가 (   ) 명 있습니까?
나 : 두 명 있습니다.

❹ 가 : 전공이 (   )입니까?
나 : 컴퓨터공학입니다.

❺ 가 : 이 분이 (   )입니까?
나 : 제 여동생입니다. 제 여동생은 친절합니다.

❻ 가 : 남자 친구가 (   ) 나라 사람입니까?
나 : 캐나다 사람입니다.

❼ 가 : (   )을/를 사랑합니까?
나 : 사치코 씨를 사랑합니다.

4. 다음 문장에서 밑줄 친 부분을 알맞게 고치십시오.

❶ 교실에서 학생이 한 명 있습니다.
에

❷ 저는 책을 넷 권 읽습니다.

❸ 시장에 사람을 많습니다.

❹ 미선 씨는 커피숍에서 친구가 만납니다.

❺ 식당에서 시끄럽고 복잡합니다.

❻ 아버지께서 의자에 앉으습니다.

❼ 누구가 예쁘고 친절합니까?

5. 다음 대화를 완성하십시오.

❶ 가 : 지금 무엇을 합니까?
나 : 가족 사진을 봅니다.

❷ 가 : 가족이 몇 명입니까?
나 : ______________.

❸ 가 : 부모님은 어디에 계십니까?
나 : ______________.

❹ 가 : ______________?
나 : 아니요, 한국 영화를 가끔 봅니다.

❺ 가 : ______________?
나 : 신촌이 복잡하고 시끄럽습니다.

❻ 가 : ______________?
나 : 집에서 숙제를 합니다.

듣기 연습

[CD: 15~16]

6. 다음 대화를 듣고 그림이 맞으면 O, 틀리면 X표 하십시오.

❶ 
(　　)

❷ 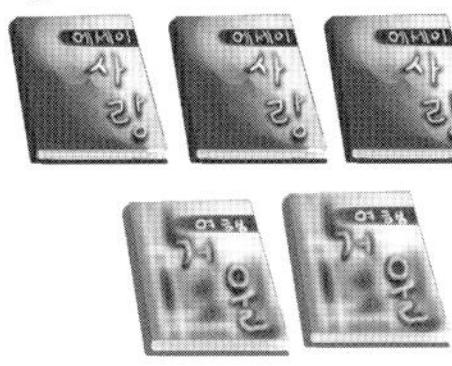
(　　)

❸ 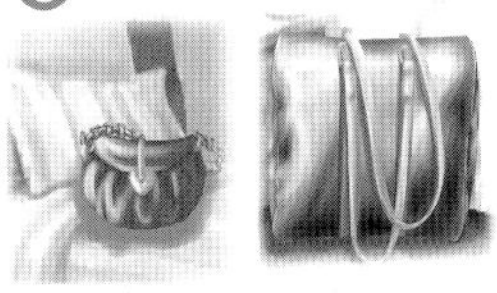

(　　)

❹ 
(　　)

7. 다음 이야기를 듣고 질문에 대답하십시오.

❶ ❷ ❸ ❹ ❺ ❻

1) 알맞은 그림을 찾아 번호를 쓰십시오.

아버지 (　　)　　어머니 (　　)　　오빠 (　　)

언니 (　　)　　남동생 (　　)　　나 (　　)

2) 들은 내용과 같으면 O, 다르면 X표 하십시오.

❶ 아버지는 은행에서 일하십니다. (　　)

❷ 어머니는 학교 선생님이십니다. (　　)

❸ 오빠는 키가 작습니다. (　　)

❹ 언니하고 남동생은 날마다 공부합니다. (　　)

❺ 제 전공은 영문학입니다. (　　)

읽기 연습

8. 다음 글을 읽고 질문에 대답하십시오.

제 고향은 제주도입니다.
제주도에는 바다가 있습니다. 산도 있습니다.
우리 집 앞에 바다가 있습니다.
저는 날마다 바다를 봅니다.
제주도는 조용하고 공기도 좋습니다.
제주도 사람들은 생선을 좋아합니다.
그래서 생선 요리를 자주 먹습니다.
생선 요리가 아주 맛있습니다.
제주도 사람들은 친절합니다.
저는 제주도를 사랑합니다.

1) 위 글의 내용과 같으면 O, 다르면 X표 하십시오.

❶ 이 사람은 제주도 사람입니다. (　　)
❷ 제주도에는 산이 없습니다. (　　)
❸ 이 사람 집 앞에 바다가 있습니다. (　　)
❹ 제주도는 시끄럽습니다. (　　)
❺ 제주도 사람들은 생선 요리를 날마다 먹습니다. (　　)
❻ 제주도 사람들은 친절합니다. (　　)

2) 서울이 어떻습니까? 위 글과 같이 서울을 소개하십시오.

저는 지금 서울에 있습니다.
서울에는 ________이/가 있습니다. ________도 있습니다.
우리 집 근처에는 ________이/가 있습니다.
저는 ________에서 날마다 ________을/를 합니다.
서울은 ________고 ________습니다/ㅂ니다.
서울 사람들은 ________습니다/ㅂ니다.
저는 서울을 좋아합니다.

말하기 연습

9. '-고' 를 사용해서 친구들에게 소개하십시오.

어머니

반 친구

선생님

교실

서울

하와이

[보기] 반 친구 마이클 씨는 친절하고 재미있습니다.

10. 다음 표의 질문으로 친구들과 이야기하십시오.

질문	친구 1	친구 2
1) 고향이 어디입니까?		
2) (고향 이름)이/가 어떻습니까?		
3) (고향 이름)에 무엇이 많습니까?		
4) 가족이 몇 명입니까?		
5) 가족이 어디에 있습니까?		
6) 아버지께서 무엇을 하십니까?		
7) 한국 친구가 있습니까?		
8) 그 친구가 무엇을 합니까?		
9) 그 친구가 어떻습니까?		
10) 어디에서 친구를 만납니까?		

제 4 과 음식

4과 1항

어휘

1. 다음 [보기]에서 알맞은 단어를 골라 (　　) 안에 쓰십시오.

[보기]　한식집　양식집　중국집　일식집

❶ 제임스 씨와 마리아 씨는 (양식집)에서 스테이크를 먹습니다.
❷ 영수 씨는 불고기를 좋아합니다. 자주 (　　　)에 갑니다.
❸ 서울에 일본 사람들이 많습니다. (　　　)도 많습니다.
❹ 웨이 씨는 중국 사람입니다. (　　　)에서 가끔 중국 음식을 먹습니다.

2. 다음은 가게 CCTV에 찍힌 도둑의 모습입니다. 그림을 보고 [보기]에서 단어를 골라 이야기를 완성하십시오.

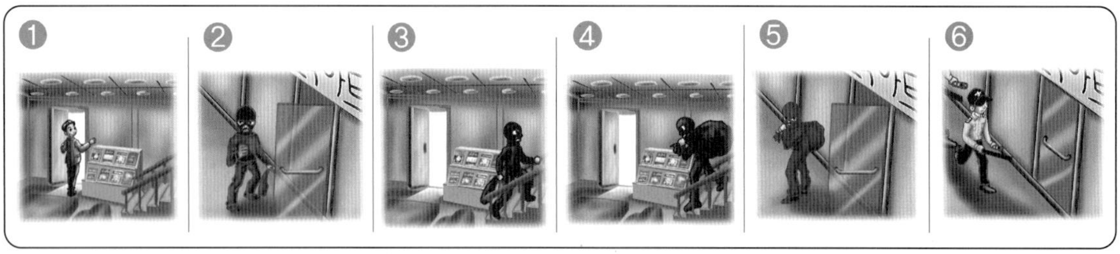

[보기]　가다　오다　나오다　들어가다　내려오다　올라가다

❶ 가게 주인이 집에 (갑니다).　❷ 도둑이 가게에 (　　　).
❸ 도둑이 계단을 (　　　).　❹ 도둑이 2층에서 (　　　).
❺ 도둑이 가게에서 (　　　).　❻ 경찰관들이 (　　　).

문법

N에 가다

3. 다음 대화를 완성하십시오.

❶

가: 학교에 갑니까?

나: 아니요, 집에 갑니다 .

❷

가: 백화점에 갑니까?

나: 네, ...

❸

가: 도서관에 갑니까?

나: 아니요, ...

❹

가: 어디에 갑니까?

나: ....

❺

가: .... ?

나: 네, 병원에 갑니다.

❻

가: .... ?

나: 우체국에 갑니다.

4. 다음은 마리아 씨의 하루입니다. 그림을 보고 이야기를 완성하십시오.

..........에 갑니다. ....에서 ....습니다/ㅂ니다.

❶ 학교에 갑니다. 학교에서 공부를 합니다 .

❷ ....

❸ ....

❹ ....

❺ ....

❻ ....

AVst 을까요?/ㄹ까요?

5. 다음을 바꿔 쓰십시오.

❶ 양식을 먹습니다 ➔ 양식을 먹을까요? .

❷ 한국말을 공부합니다 ➔ ....

❸ 집에서 쉽니다 ➔ ....

❹ 책을 읽습니다 ➔ ....

❺ 한식집에 갑니다 ➔ ....

❻ 옷을 입습니다 ➔ ....

6. 다음 그림을 보고 대화를 완성하십시오.

❶

가 : 피곤합니다.

나 : 쉴까요 ....?

❷

가 : 배가 고픕니다.

나 : ....?

❸

가 : 날씨가 좋습니다.

나 : ....?

❹

가 : 춥습니다.

나 : ....?

❺

가 : 옷이 쌉니다.

나 : ....?

AVst 읍시다/ㅂ시다

7. 다음을 바꿔 쓰십시오.

❶ 문을 닫습니다 ➔ 문을 닫읍시다 .

❷ 친구를 만납니다 ➔ .

❸ 가방을 삽니다 ➔ .

❹ 비빔밥을 먹습니다 ➔ .

❺ 노래합니다 ➔ .

❻ 의자에 앉습니다 ➔ .

8. 다음은 마리 씨와 요코 씨의 여행 계획입니다. 다음 표를 보고 대화를 완성하십시오.

어디에 갑니까?	전주
누구하고 같이 갑니까?	미선
어디에서 만납니까?	서울역
뭘 먹습니까?	비빔밥
뭘 합니까?	한옥을 구경

❶ 가 : 전주에 갈까요?

나 : 네, 전주에 갑시다. ~~읍시다/ㅂ시다.~~

❷ 가 : 미선 씨하고 같이 갈까요?

나 : 네, 읍시다/ㅂ시다.

❸ 가 : 어디에서 만날까요?

나 : 읍시다/ㅂ시다.

❹ 가 : 을까요/ㄹ까요?

나 : 읍시다/ㅂ시다.

❺ 가 : 을까요/ㄹ까요?

나 : 읍시다/ㅂ시다.

4과 2항

어휘

1. 다음 그림을 보고 맞는 단어를 고르십시오.

❶ (맛있다, 맛없다)

❷ (쓰다, 달다)

❸ (시다, 맵다)

❹ (싱겁다, 짜다)

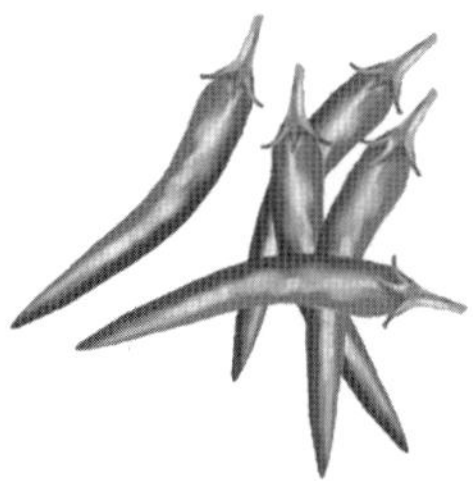

❺ (쓰다, 맵다)

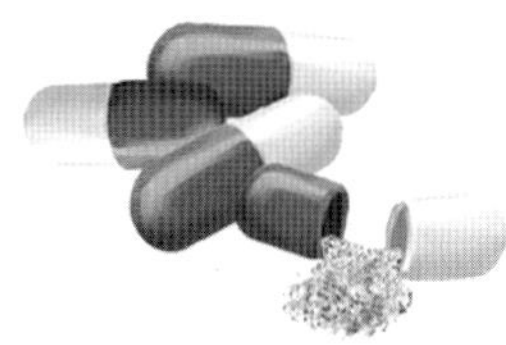

❻ (쓰다, 싱겁다)

2. 다음 [보기]에서 알맞은 단어를 골라 (   ) 안에 쓰십시오.

[보기] 초밥 자장면 스테이크 달다 시다 쓰다 싱겁다

❶ 일식집에서 (초밥)을/를 먹습니다. 간장이 없습니다. 조금 (싱겁습니다).

❷ 사탕이 아주 (   ). 아이가 좋아합니다.

❸ 저는 레몬을 좋아합니다. 레몬이 아주 (   ).

❹ 마리아 씨는 양식을 좋아합니다. (   )을/를 자주 먹습니다.

❺ 약국에서 약을 먹습니다. 약이 (   ).

❻ 수진 씨는 가끔 중국 식당에 갑니다. (   )을/를 먹습니다.

문법

Vst지 않다

3. 영수 씨와 민수 씨는 형제입니다. 그렇지만 두 사람은 아주 다릅니다. 다음 그림을 보고 '-지 않습니다'를 사용해서 문장을 완성하십시오.

영수	민수
숙제가 많습니다.	❶ 숙제가 많지 않습니다.
운동을 좋아합니다.	❷
❸	고기를 먹습니다.
❹	중국어를 공부합니다.
도서관에 갑니다.	❺

4. 다음 글을 읽고 '-지 않습니다'를 사용해서 질문에 대답하십시오.

> 마리아 씨는 연세대학교 학생입니다. 연세대학교에서 한국역사를 공부합니다. 숙제가 조금 있습니다. 가끔 도서관에 갑니다. 도서관이 아주 조용합니다. 마리아 씨는 한식을 좋아하지 않습니다. 한식이 맵습니다. 불고기는 좋아합니다. 불고기는 맵지 않습니다.

❶ 가 : 마리아 씨는 연세대학교에서 한국어를 공부합니까?

나 : 아니요, 한국어를 공부하지 않습니다. 한국역사를 공부합니다.

❷ 가 : 마리아 씨는 숙제가 많습니까?

나 : ______________________________.

❸ 가 : 마리아 씨는 날마다 도서관에 갑니까?

나 : ______________________________.

❹ 가 : 도서관이 시끄럽습니까?

나 : ______________________________.

❺ 가 : 마리아 씨는 한식을 좋아합니까?

나 : ______________________________.

❻ 가 : 불고기가 맵습니까?

나 : ______________________________.

무슨 N

5. 다음 대화를 완성하십시오.

❶

한식	일식	양식

가 : 무슨 음식 을/를 먹습니까?

나 : 양식을 먹습니다.

❷

커피	녹차	홍차

가 : 무슨 __________ 을/를 마십니까?

나 : ______________________________.

❸

골프	스키	축구

가 : 무슨 .... 을/를 좋아합니까?

나 : ....

❹

읽기 책	잡지	소설책

가 : 무슨 .... 을/를 읽습니까?

나 : ....

❺

클래식	재즈	록

가 : .... ?

나 : ....

❻

가 : .... ?

나 : ....

ㄹ 동사

6. 다음 표를 완성하십시오.

	-습니다/ㅂ니다	-을까요?/ㄹ까요?	-읍시다/ㅂ시다
달다	답니다	/	/
멀다		/	/
살다		살까요?	
열다			엽시다
놀다			
팔다			
만들다			

7. 다음 대화를 완성하십시오.

❶ 가 : 지금 어디에서 삽니까 ~~습니까?/ㅂ니까?~~ (살다)
나 : 신촌에서 삽니다 ~~습니다/ㅂ니다~~.

❷ 가 : 한국말을 .... 습니까?/ㅂ니까? (알다)
나 : 네, 한국말을 조금 .... 습니다/ㅂ니다.

❸ 가 : 불고기가 .... 습니까?/ㅂ니까? (달다)
나 : 아니요, ... 지 않습니다.

❹ 가 : 누구하고 같이 .... 을까요?/ㄹ까요? (놀다)
나 : 언니하고 같이 .... 읍시다/ㅂ시다.

❺ 가 : 무슨 음식을 .... 을까요?/ㄹ까요? (만들다)
나 : 일식을 .... 읍시다/ㅂ시다.

❻ 가 : 학교가 .... 습니까?/ㅂ니까? (멀다)
나 : 네, 조금 .... 습니다/ㅂ니다.

8. 다음 [보기]에서 알맞은 단어를 골라 이야기를 완성하십시오.

[보기]	달다	살다	알다	팔다	놀다	만들다

제 이름은 피터입니다. 미국에서 왔습니다. 지금 기숙사에서 ❶ 삽니다. 저는 연세대학교 한국어학당에서 한국말을 공부합니다. 그래서 한국말을 조금 ❷ .... 저는 한국 친구가 많습니다. 그래서 한국 친구하고 자주 ❸ .... 우리는 친구 집에서 한국 음식을 ❹ .... 한국 음식은 ❺ .... 지 않습니다. 미국의 식당에서도 한국 음식을 ❻ ....

YONSEI KOREAN WORKBOOK 1

4과 3항

어휘

1. 다음 중에서 여러분이 먹은 음식은 O, 안 먹은 음식은 X표 하십시오.

비빔밥	갈비	삼겹살	삼계탕
○			

김치찌개	된장찌개	순두부찌개	갈비탕

냉면	라면	김밥	떡볶이

2. 여러분은 무엇을 먹습니까? 다음 표를 완성하고 질문에 대답을 쓰십시오.

	아침	점심	저녁
마리아	토스트, 우유	자장면	스테이크, 커피
리에	밥, 순두부찌개, 김치	김밥, 라면	갈비, 냉면
나			

❶ 마리아 씨는 아침에 무엇을 먹습니까?

....

❷ 마리아 씨는 점심에 무슨 식당에 갑니까?

....

❸ 리에 씨는 점심에 무엇을 먹습니까?

....

❹ 누가 한식을 좋아합니까?

....

❺ 누가 저녁에 양식집에 갑니까?

....

문법

AVst고 싶다

3. 관계있는 말을 연결하고 '-고 싶습니다'를 사용해서 문장을 완성하십시오.

① 목이 마르다 •	• 쉬다
② 배가 고프다 •	• 물을 마시다
③ 한국말을 모르다 •	• 밥을 먹다
④ 피곤하다 •	• 창문을 열다
⑤ 덥다 •	• 한국말을 배우다

① 목이 마릅니다. 물을 마시고 싶습니다.

② 배가 고픕니다. ________________.

③ ________________.

④ ________________.

⑤ ________________.

4. 왕빈 씨는 내년에 한국 여자 친구하고 결혼하겠습니다. 다음 표를 보고 '-고 싶다'를 사용해서 문장으로 쓰십시오.

	❶ 계절	❷ 장소	❸ 신혼여행	❹ 결혼 선물	❺ 집
왕빈	겨울	교회	하와이	시계	서울
여자친구	여름	호텔	파리	반지	베이징

나 (왕빈)	여자 친구
① 저는 겨울에 결혼하고 싶습니다.	여자 친구는 여름에 결혼하고 싶어합니다.
②	
③	
④	
⑤	

YONSEI KOREAN WORKBOOK 1

-겠-

5. 다음 그림을 보고 '-겠-'을 사용해서 문장을 완성하십시오.

❶

내일은 학교에 일찍 오다

➔ 내일은 학교에 일찍 오겠습니다.

❷

내일 다시 전화 하다

➔ ______________________.

❸

열심히 공부하다

➔ ______________________.

❹

제가 읽다

➔ ______________________.

❺

술을 마시지 않다

➔ ______________________.

6. 다음 그림을 보고 [보기]에서 알맞은 문장을 골라 이야기를 완성하십시오.

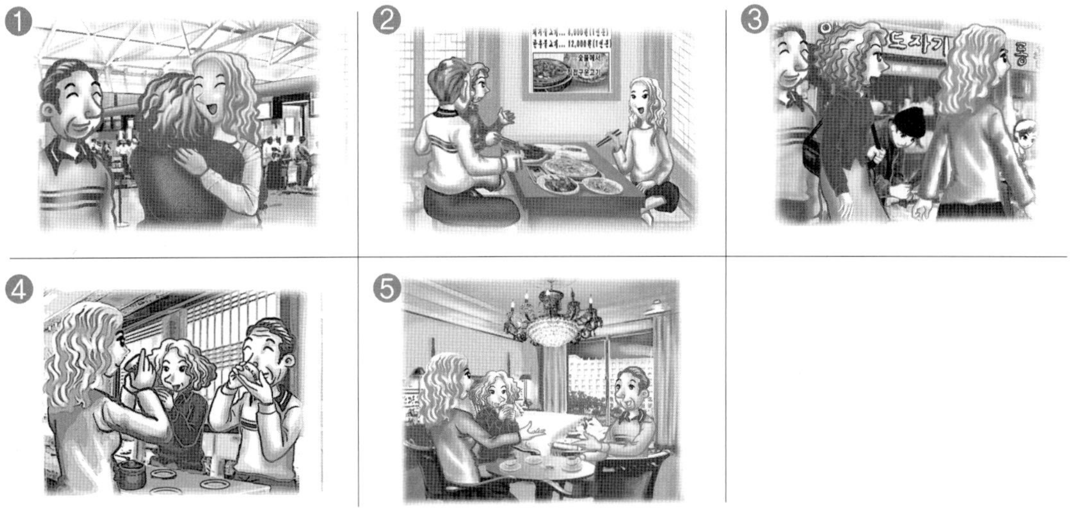

[보기] 한국차를 마시다. 부모님을 만나다. 불고기를 먹다. 부모님과 많이 이야기 하다. 쇼핑을 하다

내일 부모님이 한국에 오십니다.

인천공항에서 ❶ 부모님을 만나겠습니다 .

저는 부모님하고 같이 한식집에 가겠습니다.

한식집에서 ❷ ______________ .

그리고 인사동에 가겠습니다. 인사동에서 ❸ ______________ .

❹ ______________ .

그리고 호텔에 가겠습니다.

호텔에서 ❺ ______________ .

4과 4항

어휘

1. 다음 숫자를 한글로 쓰십시오.

❶ 9 ➔ 구	❷ 3 ➔	❸ 7 ➔	❹ 5 ➔	❺ 2 ➔
❻ 8 ➔	❼ 6 ➔	❽ 1 ➔	❾ 10 ➔	❿ 4 ➔

2. 다음 [보기]에서 알맞은 단어를 골라 밑줄에 쓰십시오.

[보기] 잔 병 그릇 인분 명 권

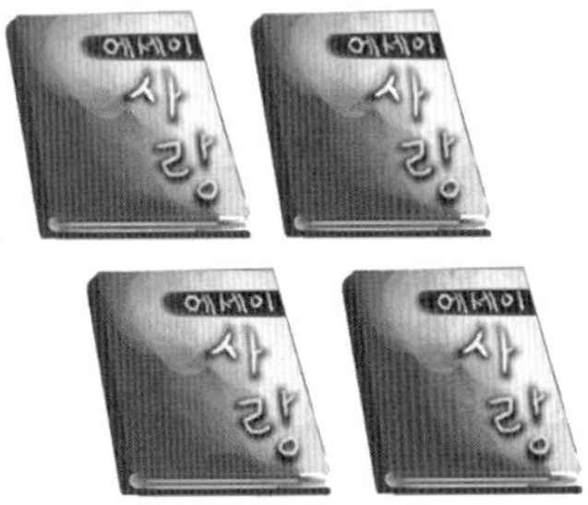

❶ 책이 네 권 있습니다.

❷ 날마다 커피를 ________ 마십니다.

❸ 냉면 ________ 을/를 시킵니다.

❹ 오렌지 주스를 ________ 삽니다.

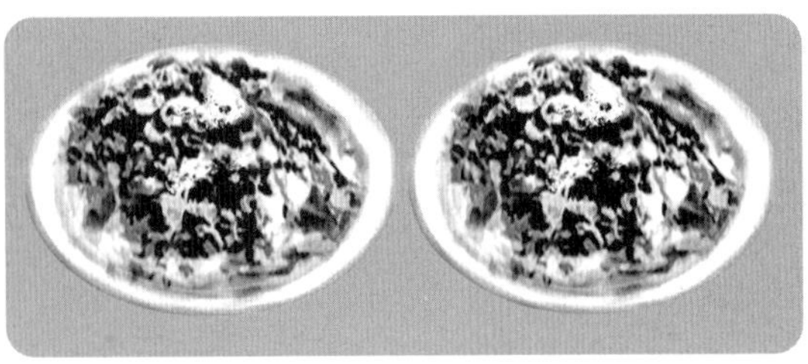

❺ 불고기 ________ 을/를 먹습니다.

❻ 우리 반 학생은 모두 ________ 입니다.

문법

AVst 으십시오/십시오

3. 다음 표를 완성하십시오.

	Vst으십니다	Vst으십니까?	Vst읍시다	Vst으십시오
앉다				
읽다				
찾다				

	Vst십니다	Vst십니까?	Vstㅂ시다	Vst십시오
가다				
오다				
쉬다				
보다				
사다				
기다리다				
가르치다				
배우다				
공부하다				
일하다				

	Vst으십니다 /십니다	Vst으십니까? /십니까?	Vst읍시다 /ㅂ시다	Vst으십시오 /십시오
먹다				
있다				
자다				
말하다				

4. 선생님이 학생들에게 무슨 말을 합니까? 다음 그림을 보고 학생 이름과 문장을 연결한 후 '-으십시오/십시오'를 사용해서 다시 쓰십시오.

❶ 요코 •	• 조용히 하다
❷ 존슨 •	• 책을 보다
❸ 제임스 •	• 창문을 닫다
❹ 신디 •	• 앉다
❺ 웨이 •	• 들어오다
❻ 마리아 •	• 일어나다

❶ 요코 씨, 들어오십시오 .

❷ ....

❸ ....

❹ ....

❺ ....

❻ ....

AVst 을까?/ㄹ까요?

5. 다음 대화를 완성하십시오.

❶ 가 : 제가 전화할까요?

나 : 네, 전화하십시오 .

❷ 가 : 순두부찌개를 먹을까요?

나 : 네, ______.

❸ 가 : 무슨 책을 읽을까요?

나 : ______.

❹ 가 : ______?

나 : 네, 창문을 여십시오.

❺ 가 : ______?

나 : 커피 한 잔 주십시오.

❻ 가 : ______?

나 : ______.

YONSEI KOREAN WORKBOOK 1

6. 스티브 씨는 한국에 여행을 가고 싶어합니다. 스티브 씨가 한국 친구 우진 씨에게 무슨 질문을 하겠습니까? 다음 표를 보고 질문을 만드십시오.

질문	❶ 여행 장소	❷ 계절	❸ 식당	❹ 음식	❺ 구경	❻ 쇼핑
우진 씨 대답	서울	봄	한식집	비빔밥	인사동	남대문 시장

스티브 : ❶ 어디에 갈까요 ?

우진 : 서울에 가십시오.

스티브 : ❷ .... ?

우진 : 봄에 가십시오.

스티브 : ❸ .... ?

우진 : 한식집에 가십시오.

스티브 : ❹ .... ?

우진 : 비빔밥을 드십시오.

스티브 : ❺ .... ?

우진 : 인사동을 구경하십시오.

스티브 : ❻ .... ?

우진 : 남대문 시장에서 사십시오.

4과 5항

어휘와 문법

1. 다음 단어 중 한식은 '한', 중국 음식은, 중, 일식은 '일' 양식은 '양'을 쓰십시오.

비빔밥	한	자장면		우동		스테이크		삼계탕	
초밥		라자냐		짬뽕		된장찌개		피자	
볶음밥		탕수육		냉면		스파게티		갈비탕	

2. 관계있는 단어를 연결하십시오.

맵다 (사탕) 약 시다
고추 짜다 쓰다
소금 (달다) 레몬

개 커피 병 냉면 명
(인분) 잔 의자 권
(갈비) 책 그릇 소주 의사

3. 다음 문장에서 밑줄 친 숫자를 한글로 쓰십시오.

① 교과서 10쪽을 보십시오. → 십 쪽
② 책이 3권 있습니다. → ……
③ 오늘 커피를 2잔 마셨습니다. → ……
④ 냉장고에 맥주가 4병 있습니다. → ……
⑤ 교실은 5층에 있습니다. → ……
⑥ 8번 버스를 탑니다. → ……
⑦ 비빔밥 1그릇 주십시오. → ……
⑧ 불고기를 3인분 시킵시다. → ……
⑨ 오늘은 제 5과 2항을 공부하겠습니다. → ……
⑩ 교실에 책상이 9개 있습니다. → ……

4. 다음 그림을 보고 질문에 대답하십시오.

❶

왕빈 지선

가 : 지선 씨가 중국 사람입니까?

나 : 아니요, 지선 씨는 중국 사람이 아닙니다.

왕빈 씨가 중국사람입니다 .

❷

가 : 왕빈 씨가 동생이 있습니까?

나 : ....

....

❸

가 : 지선 씨 부모님이 중국에 계십니까?

나 : ....

....

❹

가 : 왕빈 씨가 영어를 압니까?

나 : ....

....

❺

가 : 지선 씨가 고기를 먹습니까?

나 : ....

....

❻

가 : 왕빈 씨가 내일 바다에 가겠습니까?

나 : ....

....

5. 다음 대화를 완성하십시오.

[길에서]

존슨 : 미선 씨, 어디에 갑니까?

미선 : ❶ 극장에 갑니다 .

존슨 : 같이 극장에 갈까요?

미선 : 네, ❷ ....

존슨 : 극장은 멉니까?

미선 : 아니요, ❸ ....

존슨 : 미선 씨는 무슨 영화를 좋아하십니까?

미선 : ❹ ....

[극장에서]

미선 : 아직 시간이 있습니다.

존슨 : ❺ .... ?

미선 : 네, 차를 마십시다.

존슨 : ❻ .... ?

미선 : 저는 커피를 마시고 싶습니다.

존슨 : 저는 녹차를 마시겠습니다.

듣기 연습

[CD: 17~18]

6. 다음 질문을 듣고 알맞은 대답을 고르십시오.

1) (   )

① 네, 그럽시다.
② 네, 같이 가십시오.
③ 아니요, 혼자 갑니다.
④ 아니요, 어디에 갈까요?

2) (   )

① 아주 맛있습니다.
② 저는 불고기를 좋아합니다.
③ 네, 저는 음식을 좋아합니다.
④ 아니요, 저는 한식을 좋아하지 않습니다.

3) (   )

① 쌉니다.
② 맵지 않습니다.
③ 아니요, 맛이 없습니다.
④ 불고기 일 인분 주십시오.

7. 다음 이야기를 듣고 질문에 대답하십시오.

1) 두 사람이 시킨 음식에 O표 하십시오.

된장찌개	삼계탕	불고기	김치찌개	맥주	콜라

2) 김치찌개 맛이 어떻습니까?

① 조금 답니다
② 조금 짭니다
③ 조금 싱겁습니다
④ 조금 맵습니다

3) 두 사람은 지금 어디에 있습니까?

❶ 일식집

❷ 중국집

❸ 한식집

❹ 양식집

4) 들은 내용과 같으면 O, 다르면 X표 하십시오.

❶ 이 식당에는 삼계탕도 있습니다. (   )

❷ 불고기는 짭니다. (   )

❸ 리에 씨는 김치찌개를 먹겠습니다. (   )

읽기 연습

8. 다음 이야기를 읽고 대화를 완성하십시오.

제임스 씨가 혼자 식당에 갑니다. 도서관 앞에서 웨이 씨를 만납니다. 두 사람은 같이 식당에 갑니다. 한식집에 갑니다. 제임스 씨는 불고기를 좋아합니다. 불고기는 아주 맛있고 맵지 않습니다. 웨이 씨는 냉면을 좋아합니다. 냉면도 맛있습니다. 두 사람은 불고기 이 인분하고 냉면 한 그릇을 시킵니다.

[도서관 앞에서]

웨이 : 제임스 씨, 어디에 갑니까?

제임스 : ❶ ______________________.

웨이 : 누구하고 갑니까?

제임스 : ❷ ______________________.

웨이 : 같이 갈까요?

제임스 : ❸ ______________________.

[한식집에서]

웨이 : ❹ ______________________?

제임스 : 저는 불고기를 좋아합니다.

웨이 : ❺ ______________________?

제임스 : 아주 맛있습니다.

웨이 : ❻ ______________________?

제임스 : 네, 맵지 않습니다.

웨이 : 저는 냉면을 좋아합니다. 냉면도 맛있습니다.

제임스 : ❼ 그럼, ______________________?

웨이 : 네, 그럽시다.

제임스 : 여보세요, 여기 불고기 이 인분하고 냉면 한 그릇 주십시오.

말하기 연습

9. 다음 문형을 사용해서 그림에 맞게 친구와 이야기하십시오.

[한식집]		[중국집]		[일식집]		[양식집]	
갈비	15,000원	자장면	3,000원	초밥	8,000원	스테이크	30,000원
냉면	5,000원	짬뽕	3,500원	우동	5,000원	스파게티	9,000원
된장찌개	5,000원	볶음밥	5,000원	회덮밥	6,000원	피자	15,000원
갈비탕	6,000원	탕수육	15,000원	회	40,000원	라자냐	10,000원

[문형] –을까요?/ㄹ까요? –읍시다/ㅂ시다 –으십시오/십시오
–겠습니까? –겠습니다 –고 싶습니다

[대화 보기]

– 한식집에서 –

❶ 제임스 : 어디에 갈까요?

리에 : 한식집에 갑시다.

❷ 종업원 : 뭘 드릴까요?

❸ 제임스 : 저는 냉면을 먹고 싶습니다.

❹ 리에 : 저는 갈비탕을 먹겠습니다.

❺ 종업원 : 냉면 하나하고 갈비탕 하나요.

❻ 제임스 : 네, 그리고 여기 물 좀 주십시오.

10. 다음 표의 질문으로 친구들과 이야기하십시오.

질문	친구 1	친구 2
1) 내일 시간이 있습니까?		
2) 내일 ______ 씨 생일입니다. 같이 저녁을 먹을까요?		
3) 어디에서 저녁을 먹을까요?		
4) 뭘 먹고 싶습니까?		
5) ______ 씨는 무슨 음식을 좋아합니까?		
6) 그 음식은 맛이 어떻습니까?		
7) ______ 씨는 어느 식당에 자주 갑니까?		
8) 그 식당은 무슨 음식이 맛있습니까?		
9) ______ 씨, 내일 선물을 사겠습니까?		
10) 무슨 선물을 사고 싶습니까?		

쉼터 2 - 재미있는 노래 배우기

다음 한국 노래를 배워 봅시다.

아리랑

우리나라민요

사랑해 당신을

YONSEI KOREAN WORKBOOK 1

제 5 과 하루 생활

5과 1항

어휘

1. 다음 숫자를 한글로 쓰십시오.

❶ 52 ➔ 오십이　　❷ 19 ➔

❸ 368 ➔　　❹ 205 ➔

❺ 4,500 ➔　　❻ 1,097 ➔

❼ 60,000 ➔　　❽ 38,721 ➔

2. 다음 시간을 숫자로 쓰십시오.

❶ 다섯 시입니다.
(5)

❷ 여덟 시 오 분입니다.
(　) (　)

❸ 네 시 삼십 분입니다.
(　) (　)

❹ 열 시 사십 분입니다.
(　) (　)

❺ 두 시 십팔 분입니다.
(　) (　)

❻ 열한 시 이십칠 분입니다.
(　) (　)

3. 다음 시간을 한글로 쓰십시오.

❶ 
일곱 시입니다.

❷ 

❸ 

❹ 

❺ 

❻ 

문법

N 까지

4. 다음은 제임스 씨가 선생님과 이야기하고 메모한 것입니다. 메모를 보고 대화를 완성하십시오.

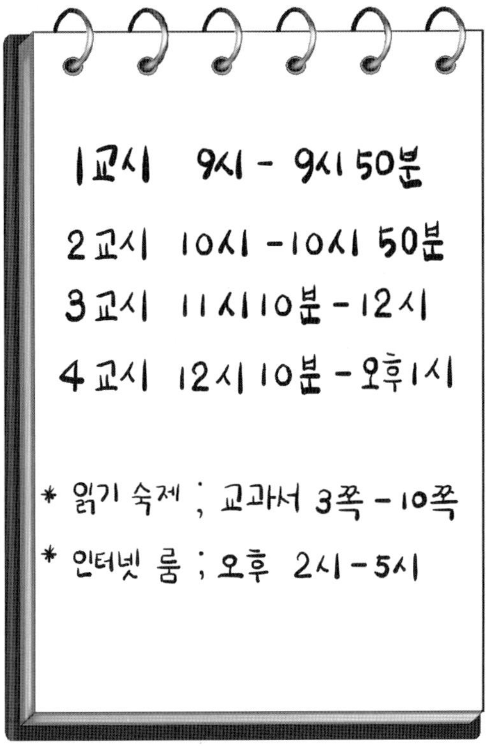

선생님 : 날마다 아홉 시까지 학교에 오십시오.

제임스 : 선생님, 1교시 수업은 몇 시까지입니까?

선생님 : ❶ 아홉 시 오십 분까지입니다.

제임스 : 몇 시까지 학교에서 공부합니까?

선생님 : ❷ ______________________.

제임스 : 3교시에는 읽기 수업이 있습니다. 몇 시까지 교실에 들어올까요?

선생님 : ❸ ______________________.

제임스 : 알겠습니다. 오늘 읽기 숙제는 어디까지입니까?

선생님 : ❹ ______________________.

제임스 : 이메일을 보내고 싶습니다. 인터넷 룸은 ❺ ______________?

선생님 : 오후 5시까지 엽니다.

Vst 어요/아요/여요

5. 다음 표를 완성하십시오.

동사	Vst 어요/아요/여요
많다	많아요
앉다	
가다	
자다	
만나다	
좋다	
오다	
보다	
먹다	
없다	
있다	
읽다	
마시다	
가르치다	
주다	
배우다	
쓰다	
나쁘다	
예쁘다	
쉬다	
하다	
공부하다	

6. 다음을 바꿔 쓰십시오.

❶ 학교에 옵니다. → 학교에 와요 .

❷ 친구가 잡니다. → ....

❸ 언니가 예쁩니다. → ....

❹ 사전이 없습니다. → ....

❺ 제 방은 크지 않습니다. → ....

❻ 날마다 커피를 마십니까? → ....

❼ 무슨 음식을 좋아합니까? → ....

❽ 공책에 이름을 쓰십시오. → ....

❾ 냉면을 먹읍시다. → ....

❿ 내일 만납시다. → ....

N 이에요 / 예요

7. 다음을 바꿔 쓰십시오.

❶ 저는 학생입니다. → 저는 학생이에요 .

❷ 여기가 연세대학교입니다. → ....

❸ 이 음식은 비빔밥입니다. → ....

❹ 그 분은 선생님이 아닙니다. → ....

❺ 집이 어디입니까? → ....

❻ 취미가 무엇입니까? → ....

8. '-어요/아요/여요' 를 사용해서 다음 대화를 완성하십시오.

❶ 가 : 이름이 뭐예요?

나 : 츠베토바 마리아예요 .

❷ 가 : 회사원이에요?

나 : ________________ .

❸ 가 : 집이 어디예요?

나 : ________________ ?

❹ 가 : ________________ ?

나 : 아버지, 어머니, 남동생 그리고 저 모두 네 명이에요.

❺ 가 : 한국 생활이 어때요?

나 : ________________ .

❻ 가: 내일 만날까요?

나 : ________________ .

5과 2항

어휘

1. 다음 ( ) 안에 알맞은 단어를 쓰십시오.

❶ 일월 – (이월) – ( ) – 사월 – ( ) – ( )

❷ ( ) – 팔월 – 구월 – ( ) – 십일월 – ( )

❸ 십육 일 – ( ) – 십팔 일 – ( ) – 이십 일 – ( )

❹ 일요일 – ( ) – 화요일 – ( ) – 목요일 – ( ) – ( )

❺ ( ) – 오늘 – ( )

2. 다음 달력을 보고 날짜를 한글로 쓰십시오.

❶ 이천 년 칠월 십일 일입니다.

❷ ______________________.

❸ ______________________.

❹ ______________________.

❺ ______________________.

❻ ______________________.

3. 다음 달력을 보고 대화를 완성하십시오.

10월

Sun	Mon	Tue	Wed	Thu	Fri	Sat
						1
2	3 개천절	4	5	6	7	8
9 한글날	10	11	12	13	14 오늘	15
16	17	18 ←	19 시	20 험	21 →	22
23	24	25	26	27	28	29 어머니생신
30	31					

❶ 가 : 오늘이 몇 월 며칠입니까?

나 : 시월 십사 일입니다 ....

❷ 가 : 오늘이 무슨 요일입니까?

나 : ....

❸ 가 : 내일이 몇 월 며칠입니까?

나 : ....

❹ 가 : 한글날은 무슨 요일입니까?

나 : ....

❺ 가 : 시험은 며칠까지입니까?

나 : ....

❻ 가 : ....?

나 : 시 월 이십 구 일입니다.

문법

Vst 지요?

4. 다음 대화를 완성하십시오.

❶ 가 : 날씨가 ....춥지요............?

나 : 네, 날씨가 춥습니다............................

❷ 가 : 한국말이 ....?

나 : 네, ...

❸ 가 : 다이아몬드가 ....?

나 : 네, ...

❹ 가 : 제임스 씨가 ....?

나 : ....

❺ 가 : 김치가 ....?

나 : ....

❻ 가 : 날마다 ....?

나 : ....

5. 다음 이야기를 읽고 '-지요?'를 사용해서 질문하십시오. 그리고 질문에 맞게 대답하십시오.

오늘은 날씨가 아주 덥습니다. 오늘은 리사 씨 생일입니다. 제임스 씨는 리사 씨 생일을 압니다. 리사 씨는 냉면은 좋아합니다. 그래서 제임스 씨는 리사 씨하고 같이 한식집에 가고 싶어합니다.

두 사람은 한식집에서 냉면을 시킵니다. 한식집에 사람이 아주 많습니다. 냉면이 시원하고 맛있습니다.

제임스 : 리사 씨, 오늘 날씨가 ❶ 아주 덥지요?

리사 : 네, 아주 더워요.

제임스 : 오늘이 ❷ ....?

리사 : 네, ❸ ....

제임스 : 리사 씨는 냉면을 ❹ ....?

리사 : 네, ❺ ....

제임스 : 같이 한식집에 갈까요?

리사 : 네, ❻ ....

(두 사람은 식당에 갑니다.)

제임스 : 이 식당에 사람이 ❼ ....?

리사 : 네, ❽ ....

제임스 : 이 식당 냉면이 ❾ ....?

리사 : 네, ❿ ....

Vst 으세요/세요

6. 다음을 바꿔 쓰십시오.

❶ 우리 아버지는 경찰이십니다. → 우리 아버지는 경찰이세요.

❷ 그분이 선생님이십니까? → ....

❸ 선생님이 바쁘십니다. → ....

❹ 할머니께서 주무십니다. → ....

❺ 무슨 책을 읽으십니까? → ....

❻ 안녕하십니까? → ....

❼ 안녕히 계십시오. → ....

❽ 여기 앉으십시오. → ....

7. 다음 그림을 보고 '-으세요/세요'를 사용해서 대화를 완성하십시오.

❶

미선 : 아버지께서 무슨 일을 하세요?

수한 : 회사원이세요 ....

❷

마리 : 할머니께서 지금 뭘 하세요?

웨이 : ....

❸

선우 : 미선 씨, 지금 뭐 하세요?

미선 : ....

❹

리에 : ....?

진수 : 저분이 우리 선생님이세요.

❺

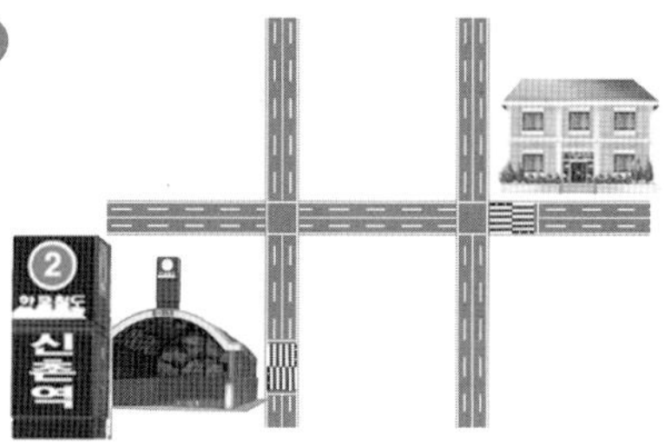

웨이 : ....?

은주 : 저는 신촌에 살아요.

❻

현우 : ....?

에릭 : 저는 한식을 좋아해요.

5과 3항

어휘

1. 관계있는 단어를 연결하십시오.

❶ 이를 •	• 자다
❷ 잠을 •	• 타다
❸ 세수를 •	• 닦다
❹ 버스를 •	• 하다
❺ 버스에서 •	• 내리다

2. 다음 [보기]에서 단어를 골라 밑줄에 고쳐 쓰십시오.

[보기] 타다 내리다 일어나다 잠을 자다 이를 닦다 세수를 하다

아침 7시입니다. 지수 씨는 날마다 일찍 ❶ 일어납니다.
먼저 ❷ ____________. 얼굴이 깨끗합니다.
지수 씨는 아침을 먹습니다. 아침 식사 후에 ❸ ____________.
8시 반에 집에서 나옵니다. 172번 버스를 ❹ ____________.
회사가 종로에 있습니다. 지수 씨는 버스에서 ❺ ____________.
지수 씨는 회사에서 열심히 일을 합니다.
오후 6시에 일이 끝납니다. 지수 씨는 피곤합니다. 집에서 ❻ ____________.

문법

N 에

3. 다음 대화를 완성하십시오.

❶

아침	저녁	밤

가 : 언제 숙제해요? (숙제하다)

나 : 저녁에 숙제해요.

❷

10시	11시	12시

가 : 몇 시에 ______________? (자다)

나 : ______________.

❸

9월	10월	11월

가 : 몇 월에 ______________? (여행하다)

나 : ______________.

❹

12월 23일	12월 24일	12월 25일

가 : ______________? (파티를 하다)

나 : ______________.

❺

월요일	화요일	수요일

가 : ______________? (시험이 있다)

나 : ______________.

❻

생일	설날	크리스마스

가 : ______________? (가족을 만나다)

나 : ______________.

4. 다음 표를 완성하고 문장으로 쓰십시오.

시간	계획
오늘 저녁	한국말 숙제
내일 오후 3시	
일요일 오전	
밸런타인데이	
2020년	

[보기] 저는 **오늘 저녁**에 한국말 숙제를 하겠습니다.

....

....

....

....

N부터 N까지

5. 다음 그림을 보고 대화를 완성하십시오.

21일	22일	23일	24일
←	방	학	→

❶ 가 : 며칠부터 며칠까지 방학이에요 ?

나 : 21일부터 24일까지 방학이에요 .

3월	4월	5월
←	봄	→

❷ 가 : 몇 월부터 .... ?

나 : ....

월	화	수	목	금
⟵	수		업	⟶

③ 가 : ______________________________?

나 : ______________________________.

AM 10:00 - AM 11:00 운동

④ 가 : ______________________________?

나 : ______________________________.

10쪽- 20쪽 숙제

⑤ 가 : ______________________________?

나 : ______________________________.

AVst 고

6. 다음을 한 문장으로 만드십시오.

① 세수를 합니다. / 이를 닦아요.

➔ 세수를 하고 이를 닦아요.

② 밥을 먹습니다. / 차를 마셔요.

➔ ______________________________.

③ 텔레비전을 봅니다. / 숙제를 해요.

➔ ______________________.

④ 옷을 입습니다. / 거울을 봐요.

➔ ______________________.

⑤ 영화를 봅니다. / 커피숍에 갑시다.

➔ ______________________.

⑥ 책을 읽습니다. / 자겠어요.

➔ ______________________.

7. 다음 표를 보고 피터 씨의 생활을 쓰십시오.

8:30	아침 식사
9:00 - 12:00	한국말 수업
1:00	점심 식사
2:00 - 5:00	아르바이트
6:00 - 7:00	운동
7:30	저녁 식사
9:00 - 10:00	TV 보기

① 피터 씨는 아침을 먹고 한국말을 배웁니다.

② 한국말을 배우고 ______________________.

③ 점심을 ______________________.

④ 아르바이트를 ______________________.

⑤ ______________________ 저녁을 먹습니다.

⑥ ______________________.

8. 다음 이야기를 읽고 그림의 순서를 맞추십시오.

저는 내일 미선 씨하고 쇼핑을 하겠습니다.
현대백화점 앞에서 미선 씨를 만나겠습니다.
3층에서 가방을 사고 1층에서 립스틱을 구경하겠습니다.
립스틱을 사고 5층 식당에 가겠습니다.
미선 씨와 저녁을 먹고 차를 마시겠습니다.
차를 마시고 집에 돌아오겠습니다.

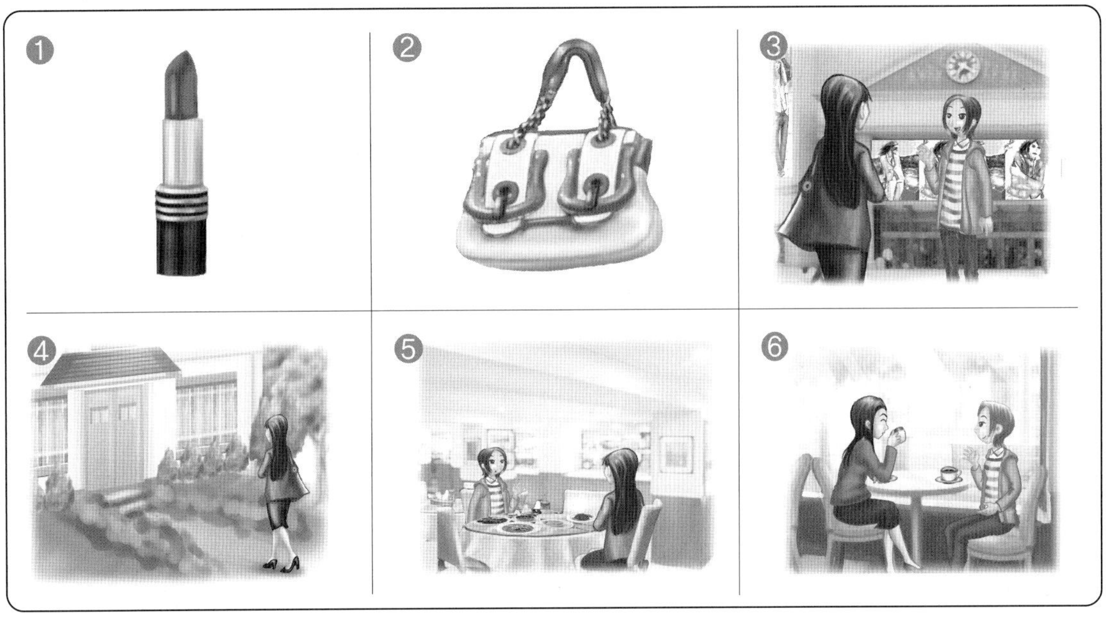

③ → ______ → ______ → ______ → ______ → ______

어휘

1. 다음 (   ) 안에 알맞은 단어를 쓰십시오.

❶ (그저께) – 어제 – (   )– 내일 – (   )

❷ (   ) – 이번 주 – (   )

❸ 지난 달 – (   ) – (   )

❹ (   ) – 올해 – (   )

2. 다음 달력을 보고 [보기]에서 알맞은 단어를 골라 빈 칸에 쓰십시오.

2월

일	월	화	수	목	금	토
			1	2	3	4
5	6	7	8 수영	9	10	11
12	13	14 밸런타인데이	15	16 오늘	17	18 리사 생일
19	20	21 시험	22	23	24	25
26	27	28				

[보기] 어제 그저께 내일 모레 지난주 이번 주 다음주

❶ 오늘 은 / 는 목요일입니다.

❷ .... 은 / 는 리사 씨 생일입니다.

❸ .... 은 / 는 밸런타인데이였습니다.

❹ .... 에 수영을 했습니다.

❺ .... 에 시험이 있습니다.

문법

-었/았/였-

3. 다음 표를 완성하십시오.

동사	Vst 어요/아요/여요	Vst 었어요/았어요/였어요
가다	가요	
타다		
받다		
앉다		
오다		
보다		
좋다		
먹다		먹었어요
마시다		
가르치다		
읽다		
배우다		
주다		
쓰다		
예쁘다		
쉬다		
일하다		
여행하다		

4. 다음 이야기를 읽고 맞는 것을 고르십시오.

저는 지금 친구 집에 (살아요, 살았어요). 지난 달까지는 기숙사에 (살아요, 살았어요). 제 친구는 아주 (친절해요, 친절했어요). 어제는 친구가 불고기하고 김치찌개를 (만들어요, 만들었어요). 불고기가 (맛있어요, 맛있었어요). 김치찌개는 (매워요, 매웠어요). 우리는 어제 저녁을 먹고 TV 드라마를 (봐요, 봤어요). 저는 한국 드라마를 자주 (봐요, 봤어요). 어제 드라마도 (재미있어요, 재미있었어요). 친구는 한국 노래를 (좋아해요, 좋아했어요). 그래서 우리는 TV를 보고 노래방에 (가요, 갔어요).

5. 다음 그림을 보고 문장을 완성하십시오.

[1990년]

[지금]

❶ 저는 키가 작았어요. 지금은 키가 커요.

❷ 저는 .... 지금은 머리가 짧아요.

❸ 저는 .... 지금은 아이스크림을 좋아하지 않아요.

[1970년]

[지금]

❹ 이곳은 .... 지금은 나무가 없어요.

❺ 이곳은 .... 지금은 아파트가 많아요.

❻ 이곳은 .... 지금은 시끄러워요.

ㅂ 동사

6. 다음 표를 완성하십시오.

	Vst 습니다/ㅂ니다	Vst 어요/아요/여요	Vst 었어요/았어요/였어요
맵다	맵습니다		
덥다			
춥다		추워요	
쉽다			
어렵다			
아름답다			
*좁다			
*입다			
*잡다			잡았어요

7. 주어진 단어를 알맞게 고쳐 쓰십시오.

저는 지난 주말에 에릭 씨 집에 갔어요.
날씨가 아주 ❶ 추웠어요. (춥다) 그래서 저는 코트를 ❷ ______. (입다)
에릭 씨 방은 조금 ❸ ______. (좁다)
우리는 떡볶이를 먹었어요. 떡볶이가 아주 ❹ ______. (맵다)
떡볶이를 먹고 우리는 같이 숙제를 했어요.
단어는 ❺ ______. (쉽다) 그래서 빨리 했어요.
하지만 문법은 ❻ ______. (어렵다)

YONSEI KOREAN WORKBOOK 1

5과 5항

어휘와 문법

1. 다음 숫자를 한글로 쓰십시오.

① 3월 1일입니다. ➔ 삼월 일 일입니다 .

② 여기요, 불고기 5인분 주세요. ➔ ....

③ 2006년 10월 6일에 한국에 왔어요. ➔ ....

④ 우리 교실은 407호입니다. ➔ ....

⑤ 교과서 73쪽을 보세요. ➔ ....

⑥ 오늘은 5과 4항을 공부하겠습니다. ➔ ....

⑦ 1시 15분에 만나요. ➔ ....

⑧ 지금은 12시 30분이에요. ➔ ....

⑨ 18,500원이에요. ➔ ....

⑩ 저 건물은 63층이에요. ➔ ....

2. 다음 단어 중에서 관계없는 것을 고르십시오.

①	월요일	봄	올해	근처
②	내일	오늘	작년	모레
③	일	셋	육	구
④	일어나다	잠을 자다	이를 닦다	조용하다
⑤	맵다	짜다	살다	달다

3. 다음을 한 문장으로 만드십시오.

① 공부해요 / 도서관에서 / 친구가

➔ 친구가 도서관에서 공부해요 .

② 신문을 / 읽었어요 / 아침 8시에

➔ ....

③ 여름에 / 수영을 / 배웠어요 / 작년

➔ ______________________.

④ 점심을 / 끝나고 / 수업이 / 먹어요

➔ ______________________.

⑤ 일기를 / 세수하고 / 밤에 / 써요

➔ ______________________.

⑥ 열심히 / 오후 1시까지 / 오전 11시부터 / 운동했어요

➔ ______________________.

4. 다음 이야기를 읽고 '-어요/아요/여요'를 사용해서 대화로 바꿔 쓰십시오.

> 오늘은 10월 8일입니다. 금요일입니다. 날씨가 시원하고 좋습니다. 저는 날마다 9시까지 학교에 갑니다. 9시부터 오후 1시까지 수업이 있습니다. 저는 수업이 끝나고 PC방에서 일합니다. 어제는 일이 끝나고 친구를 만났습니다. 친구하고 영화를 보고 노래방에 갔습니다.

가 : 오늘이 몇 월 며칠이에요?

나 : ① 10월 8일이에요.

가 : 목요일이지요?

나 : 아니요, ② ______________________.

가 : 아! 그래요. 날마다 몇 시까지 학교에 가세요?

나 : ③ ______________________.

가 : ④ ______________________?

나 : 9시부터 1시까지 수업이 있어요.

가 : ⑤ ______________________?

나 : PC방에서 일해요.

가 : 어제는 일이 끝나고 뭘 했어요?

나 : ⑥ ______________________.

가 : 친구하고 ⑦ ______________________?

나 : ⑧ ______________________.

듣기 연습 [CD: 19~20]

5. 다음 질문을 듣고 알맞은 대답을 고르십시오.

1) (　　　　)

① 네, 맵지요.

② 네, 매웠어요.

③ 네, 아주 매워요.

④ 네, 맵지 않아요.

2) (　　　　)

① 시장에서 사요.

② 신촌에서 살아요.

③ 서울에서 사세요.

④ 부산에서 샀어요.

3) (　　　　)

① 영화를 보겠어요.

② 텔레비전을 봤어요.

③ 도서관에 가고 싶어요.

④ 숙제를 하고 책을 읽어요.

6. 다음은 가수 시아 씨의 인터뷰입니다. 잘 듣고 질문에 대답하십시오.

1) 시아 씨의 콘서트 날짜와 시간을 고르십시오. (　　　　)

①

②

③

④

2) 들은 내용과 같으면 O, 다르면 X표 하십시오.

① 시아 씨는 작년에도 콘서트를 했습니다. (　　　)

② 일요일에는 콘서트가 없습니다. (　　　)

③ 시아 씨는 오늘도 연습하겠습니다. (　　　)

3) 시아 씨는 이번 콘서트가 끝나고 무엇을 하겠습니까?

읽기 연습

7. 다음 글을 읽고 질문에 대답하십시오.

> 제레미 씨는 영국(에, 에서) 왔습니다. 지금 한국 회사(에, 에서) 다닙니다. 오전에는 연세대학교(에, 에서) 한국말을 배웁니다. 오후(에, 에는) 회사(에, 에서)갑니다. 회사(에, 에서) 열심히 일합니다.
>
> 어제는 토요일이었습니다. 토요일(에는, 에서는) 회사(에, 에서) 가지 않습니다. 제레미 씨는 혼자 남산(에, 에서) 갔습니다. 남산타워(에, 에서) 서울을 보고 커피도 마셨습니다. 서울 시내(에는, 에서는) 집도 많고 자동차도 많았습니다.
>
> 제레미 씨는 오후 1시(에, 에서) 남산(에, 에서) 내려왔습니다. 2시(에, 에서) 집(에, 에서) 왔습니다. 집(에, 에서) 쉬었습니다.

1) 위 글의 (　　)에 알맞은 조사를 고르십시오.

2) 위 글의 내용과 같으면 O, 다르면 X표 하십시오.

❶ 제레미 씨는 회사원입니다. (　　)

❷ 제레미 씨는 오전에 한국말을 공부합니다. (　　)

❸ 제레미 씨는 토요일에도 회사에 갑니다. (　　)

❹ 제레미 씨는 친구하고 같이 남산에 갔습니다. (　　)

❺ 제레미 씨는 한 시에 집에 왔습니다. (　　)

3) 제임스 씨는 남산타워에서 무엇을 했습니까?

4) 서울 시내가 어땠습니까?

말하기 연습

8. 다음 [보기]와 같이 '-었어요/았어요/였어요'를 사용해서 이야기하십시오.

한국에서의 첫날	첫 데이트	첫 해외여행
[보기] 언제 한국에 왔어요? 그날 누구를 만났어요? 그 날 뭘 먹었어요?	[보기] 언제 첫 데이트를 했어요? 어디에서 만났어요? 무슨 이야기를 했어요?	[보기] 언제, 어디에 갔어요? 누구하고 갔어요? 무엇이 재미있었어요?

9. 다음 표의 질문으로 친구들과 이야기하십시오.

질문	친구 1	친구 2
1) 오늘이 몇 월 며칠이에요?		
2) 무슨 요일이에요?		
3) 지금 몇 시예요?		
4) 날마다 몇 시에 일어나요?		
5) 아침에 뭘 먹었어요?		
6) 어제 몇 시부터 몇 시까지 숙제했어요?		
7) 숙제가 어렵지요?		
8) 숙제를 하고 뭘 했어요?		
9) 오늘 수업이 끝나고 뭘 하고 싶어요?		
10) 이번 주말에 뭘 하겠어요?		

복습 문제 (1과 - 5과)

Ⅰ. 다음에서 알맞은 조사를 골라 (　　　) 안에 쓰십시오.

이/가	은/는	을/를	에	에서	도	께서	하고	부터~까지

1. 저(　　　) 미국 사람(　　　) 아닙니다. 영국(　　　) 왔습니다.
2. 날씨(　　　) 좋습니다. 공원(　　　) 갈까요?
3. 내일은 도서관(　　　) 공부하겠습니다.
4. 오늘은 바쁩니다. 주말(　　　) 만납시다.
5. 할아버지(　　　) 주무십니다.
6. 오전 9시(　　　) 오후 1시(　　　) 공부합니다.
7. 제(　　　) 책(　　　) 읽겠습니다.
8. 교실(　　　) 학생들(　　　) 많습니다.
9. 세브란스병원이 어디(　　　) 있습니까?
10. 준코 씨는 불고기(　　　) 비빔밥(　　　) 좋아합니다. 냉면(　　　) 좋아합니다.

Ⅱ. 다음 (　　　) 안에 알맞은 단어를 고르십시오.

1. (　　　) 뵙겠습니다. 제 이름은 김미선입니다.

   ① 조금　　② 처음　　③ 가끔　　④ 어서

2. 언니는 키가 (　　　) 동생은 작습니다.

   ① 많고　　② 좋고　　③ 쓰고　　④ 크고

3. 소금 좀 주십시오. 국이 (　　　　　).

   ① 십니다　　② 짭니다　　③ 싱겁습니다　　④ 맵습니다

4. 오늘 시간이 많습니다. 우리 집에 (　　　　　).

   ① 가십시오　　② 오십시오　　③ 계십시오　　④ 만나십시오

5. 오늘은 일요일입니다. (　　　　)은/는 토요일이었습니다.

   ① 어제　　② 내일　　③ 작년　　④ 지난 주

Ⅲ. 다음 (   ) 안에 들어갈 수 없는 단어를 고르십시오.

1. 한국 음식을 (   ).

   ① 먹습니다 ② 닦습니다 ③ 만듭니다 ④ 좋아합니다

2. 미선 씨가 (   ).

   ① 큽니다 ② 좋습니다 ③ 친절합니다 ④ 넓습니다

3. (   )을/를 합니다.

   ① 일 ② 숙제 ③ 그림 ④ 이야기

4. 한국 노래를 (   ) 듣습니다.

   ① 아주 ② 많이 ③ 가끔 ④ 날마다

5. 꽃이 (   ) 예쁩니다.

   ① 참 ② 잘 ③ 모두 ④ 아주

Ⅳ. 다음에서 알맞은 단어를 골라 (   ) 안에 쓰십시오.

누구	무엇	무슨	어디	어느	언제	몇

1. 가 : 이것이 (   )입니까?

   나 : 교과서입니다.

2. 가 : 이 분이 (   )입니까?

   나 : 우리 선생님입니다.

3. 가 : 서점이 (   )에 있습니까?

   나 : 신촌 로터리에 있습니다.

4. 가 : (   ) 나라에서 왔습니까?

   나 : 일본에서 왔습니다.

5. 가 : (   ) 차를 마시고 싶습니까?

나 : 인삼차를 마시고 싶습니다.

6. 가 : 가족이 (   ) 명입니까?

나 : 다섯 명입니다.

7. 가 : (   ) 만날까요?

나 : 내일 만납시다.

Ⅴ. 다음 문장 중에서 맞는 것을 고르십시오.

[보기] 저가 책을 읽겠습니다.
제가

1. 저는 회사원입니다.
있습니다.

2. 누가 제임스 씨입니까?
누구가

3. 그 가수가 좋습니다.
좋아합니다.

4. 제임스 씨는 갈비를 먹고 싶습니다.
먹고 싶어합니다.

5. 신문을 읽고 싶지 않습니다.
읽지 않고 싶습니다.

6. 우리 집은 신촌에 입니다.
있습니다.

7. 백화점에 가방을 사겠습니다.
백화점에서

8. 다음 주말에 공원에 갔습니다.
가겠습니다.

9. 맛있게 드십시오.
먹으십시오.

10. 어제 영화를 봐요.
봤어요.

Ⅵ. 다음 대화를 완성하십시오.

1. 가 : ....?

나 : 요시다 리에입니다.

2. 가 : 한국 사람입니까?
나 : 아니요, ...

3. 가 : ....?
나 : 교과서입니다.

4. 가 : 가방 안에 무엇이 있습니까?
나 : .... 하고 ....

5. 가 : 영어 사전이 있습니까?
나 : 아니요, ...

6. 가 : 어디에 갑니까?
나 : ....

7. 가 : 내일 만날까요?
나 : 네, ...

8. 가 : 날씨가 춥습니까?
나 : 아니요, ...

9. 가 : 무슨 책을 읽고 싶습니까?
나 : ....

10. 가 : 뭘 드시겠습니까?
나 : ....

11. 가 : 고향이 어떻습니까?
나 : .... 고 ....

12. 가 : 내일 무엇을 하겠습니까?
나 : ....

13. 가 : ....?
나 : 네, 불고기를 만드십시오.

14. 가 : ....?
나 : 다섯 시 반이에요.

15. 가 : 오늘이 무슨 요일이에요?
나 : ....

16. 가 : ....?
나 : 10월 10일이에요.

17. 가 : 지난 주말에 뭘 했어요?
나 : ....

18. 가 : 어제 누구하고 점심을 먹었어요?
나 : ....

19. 가 : 제주도가 어땠어요?
나 : ....

20. 가 : 날마다 아침을 먹고 뭘 해요?
나 : ....

Ⅶ. 주어진 동사를 알맞게 고쳐 쓰십시오.

[보기] 책상 위에 연필이 있습니다. (있다)

1. 영수 씨는 지금 부산에 ....(살다)
2. 날마다 7시에 ....(일어나다)
3. 부모님께서 중국에 ....(있다)
4. 제임스 씨, 오늘은 제가 바쁩니다. 내일 ....(만나다)

5. 할아버지께서 ____________.(자다) 영수 씨, 조용히 ____________.(하다)

6. 날씨가 좋습니다. 공원에서 같이 ____________? (산책하다)

7. 다음 주에 시험이 있습니다. 저는 내일부터 열심히 ____________.(공부하다)

8. 일요일에는 학교에 ____________.(가다) 집에서 쉽니다.

9. 지난 주에는 날씨가 ____________.(덥다)

10. 어제 친구하고 맥주를 ____________.(마시다)

VIII. 다음 숫자를 (   )안에 한글로 쓰고 알맞은 단어를 골라 밑줄에 쓰십시오.

개 잔 병 그릇 인분	[보기] 가방이 3(세) 개 있습니다.

1. 불고기 3(   ) ____________ 주십시오.

2. 사과 5(   ) ____________ 하고 배 4(   ) ____________ 주십시오.

3. 날마다 커피를 2(   ) ____________ 마십니다.

4. 여기요, 냉면 1(   ) ____________ 주세요.

5. 어제 친구들하고 소주를 7(   ) ____________ 마셨어요.

IX. 다음 문장을 '-어요/아요/여요'로 바꿔 쓰십시오.

저는 독일 사람입니다. 저는 지난 달에 한국에 왔습니다.
❶ (   )   ❷ (   )

한국 생활이 아주 재미있습니다.
❸ (   )

한국 음식이 맛있고 한국 사람들이 친절합니다.
❹ (   )

저는 한국말을 잘 하고 싶습니다.
❺ (   )

그래서 연세대학교에서 한국말을 배웁니다.
❻ (   )

최 선생님이 가르치십니다. 선생님이 좋습니다.
❼ (   )   ❽ (   )

한국말 문법은 어렵습니다. 숙제도 많습니다. 같이 공부할까요?
❾ (   )   ❿ (   )

십자말 풀이 1

1.	2.			4.		5.			
	3.					6.	7.		
				12.	13.				
8.					14.	15.			
9.	10.							23.	24.
	11.			19.					
				20.	21.			25.	
16.	17.				22.				
	18.								

[가로 열쇠]

1. 연세대학교 .... 에 이화여자대학교가 있습니다.
3. 라디오에서 나옵니다. 이것을 듣고 춤을 춥니다.
4. 부모님은 .... 하고 어머니입니다.
6. 여기에는 책이 많고 학생들이 공부합니다.
9. 제 .... 은/는 경제학입니다.
11. 9시 .... 10시까지 공부합니다.
12. 여기에서 회사원이 일합니다.
14. 달고 맛있습니다. 아이들이 좋아합니다.
16. .... 물 좀 주십시오.
18. 저는 영화를 좋아합니다. 그래서 .... 극장에 갑니다.
20. 이 날은 파티를 하고 케이크를 먹습니다.
22. 여기에서 밥을 먹습니다.
23. 이 나라는 유럽에 있습니다. 맥주하고 소시지가 맛있습니다.
25. 어제, 오늘 그리고 ....

[세로 열쇠]

2. 안녕하십니까? .... 뵙겠습니다.
5. 이것을 보고 길을 찾습니다.
7. 한국의 수도입니다. 여기에 인사동하고 남대문이 있습니다.
8. 단어를 모릅니다. 이것을 찾습니다.
10. 다음 주에 시험이 있습니다. 학생들이 열심히 .... 합니다.
13. 과일입니다. 빨간색입니다. 가을에 납니다.
15. 국수입니다. 까만색입니다. 중국음식입니다.
17. 신문사에서 일합니다. 기사를 씁니다.
19. 선생님은 가르치고 .... 은/는 배웁니다.
21. 스시, 우동, 오뎅은 .... 입니다.
24. 토요일 다음 날입니다.

부록 – 듣기 지문

듣기 지문

한글 연습

모음 연습 1

3. 1)아 2)어 3)오 4)으 5)위 6)외

4. 1)우 2)이 3)오 4)외 5)오이 6)아우

자음 연습 1

3. 1)로 2)더 3)사 4)비 5)후 6)기

4. 1)다 2)누 3)시 4)포 5) 저 6)키 7)나리 8)거기 9)하다 10)회사

5. 1)너 2)그 3)라 4)토 5)지 6)추 7)아기 8)지구 9)포도 10)치마

모음 연습 2와 자음 연습 2

3. 1)까 2)디 3)포 4)수 5)쯔 6)예 7)좌 8)거

4. 1)따 2)씨 3)겨 4)의 5)에 6)가치 7)차다 8)뿌리 9)사과 10)의사

5. 1)빠 2)또 3)워 4)교 5)의미 6)좌우

받침 연습 1

3. 1)강 2)물 3)독 4)점 5)싫다 6)전신

4. 1)김 2)절 3)빵 4)선물 5)종이 6)감독

1과 5항

5. 1) 저는 한국 사람입니다.
   2) 진수 씨는 은행원입니다.
   3) 우리 선생님은 여자가 아닙니다.
   4) 요코 씨는 잡니다.

6. 안녕하십니까? 저는 샤오밍입니다. 중국에서 왔습니다.
   제 친구들을 소개하겠습니다. 이사벨 씨는 스위스 사람입니다. 선생님입니다. 마리 씨는 일본 치바에서 왔습니다. 여자 경찰입니다. 후엔 씨는 베트남 사람입니다. 하노이 병원 의사입니다. 우리는 지금 한국어학당 학생입니다. 날마다 학교에 갑니다. 열심히 공부합니다.

2과 5항

6. 1) 가 : 이것이 사전입니까?
      나 : 네, 그렇습니다.
      가 : 그럼 저것은 무엇입니까?

나 : 연필입니다.

2) 가 : 달력이 있습니까?
나 : 네, 있습니다.
가 : 지도도 있습니까?
나 : 아니요, 없습니다.

3) 가 : 우체국이 어디에 있습니까?
나 : 학생회관에 있습니다.
가 : 학생회관은 어디에 있습니까?
나 : 식당 옆에 있습니다.

7. 리에 씨 방입니다. 방에는 침대가 있습니다. 침대 위에는 잡지가 있습니다. 침대 옆에는 책상이 있습니다. 책상 위에는 컴퓨터가 있습니다. 책상 밑에는 가방이 있습니다. 책상 옆에 의자가 있습니다. 의자 위에는 전화가 있습니다. 의자 옆에는 냉장고가 있습니다. 냉장고 안에는 맥주가 있습니다. 냉장고 밖에는 우유가 있습니다.

3과 5항

6. 1) 가 : 무엇을 합니까?
나 : 저는 음악을 듣습니다.

2) 가 : 책이 몇 권 있습니까?
나 : 5권 있습니다.

3) 가 : 미선 씨 가방이 어떻습니까?
나 : 가방이 작고 예쁩니다.

4) 가 : 여자하고 남자가 무엇을 합니까?
나 : 여자는 쉬고 남자는 운동을 합니다.

7. 이것은 우리 가족 사진입니다. 여기는 우리 집 앞입니다. 아버지는 은행원이십니다. 키가 작고 조용하십니다. 어머니는 고등학교 역사 선생님이십니다. 오빠는 키가 크고 재미있습니다. 여자 친구 이야기를 자주 합니다. 언니하고 남동생은 노래를 좋아합니다. 날마다 노래를 부릅니다. 이 사진에서도 노래를 합니다. 저는 대학생입니다. 연세대학교에서 영문학을 공부합니다.

4과 5항

6. 1) 같이 식당에 갈까요?
2) 무슨 음식을 좋아하십니까?
3) 불고기 맛이 어떻습니까?

7. 종업원 : 뭘 드릴까요?
제임스 : 이 식당에 삼계탕이 있습니까?

듣기 지문

종업원 : 아니요, 없습니다.
제임스 : 불고기는 있습니까?
종업원 : 네, 있습니다.
제임스 : 짜지 않습니까?
종업원 : 네, 짜지 않습니다. 맛있습니다.
제임스 : 리에 씨는 뭘 드시겠습니까?
리에 : 전 김치찌개를 먹고 싶습니다.
제임스 : 김치찌개는 맵지 않습니까?
리에 : 조금 맵습니다.
종업원 : 그럼, 불고기 일 인분하고 김치찌개 하나 드릴까요?
리에 : 네, 그리고 콜라도 두 병 주십시오.

5과 5항

5. 1) 이 김치가 맵지요?
2) 지금 어디에서 사세요?
3) 숙제를 하고 뭘 했어요?

6. 가 : 안녕하세요? 시아 씨, 요즘 바쁘시지요? 콘서트가 언제부터예요?
나 : 다음 달 5일부터 15일까지예요.
가 : 오늘이 며칠이지요? 아, 9월 3일이군요. 시아 씨의 노래를 빨리 듣고 싶어요. 콘서트 시간은 몇 시부터예요?
나 : 저녁 7시부터 9시까지예요.
가 : 작년에는 콘서트를 안 하셨지요?
나 : 네, 그래요. 작년에는 시간이 없었어요.
가 : 참, 이번 콘서트가 날마다 있어요?
나 : 아니요, 월요일에는 쉬어요.
가 : 날마다 열심히 연습하세요?
나 : 그럼요, 오늘도 인터뷰가 끝나고 연습해요.
가 : 이번 콘서트가 끝나고 뭘 하고 싶어요?
나 : 여행을 가고 싶어요. 저는 여행을 아주 좋아해요.

부록 – 정답

정답

한글 연습

모음 연습 1

3. 2)② 3)② 4)③ 5)③ 6)②
4. 2)이 3)오 4)외 5)오이 6)아우

자음 연습 1

3. 2)O 3)X 4)X 5)O 6)X
4. 2)① 3)② 4)③ 5)② 6)① 7)① 8)② 9)③ 10)②
5. 2)그 3)라 4)토 5)지 6)추 7)아기 8)지구 9)포도 10)치마

모음 연습 2와 자음 연습 2

3. 2)X 3)X 4)X 5)O 6)X 7)O 8)X
4. 2)② 3)① 4)③ 5)② 6)① 7)② 8)③ 9)② 10)③
5. 2)또 3)워 4)교 5)의미 6)좌우

받침 연습 1

3. 2)② 3)① 4)① 5)③ 6)①
4. 2)절 3)빵 4)선물 5)종이 6)감독

제1과 인사

1과 1항

1. 2)구 3)학 4)선생
2. 2)남자입니다. 3)이영수입니다. 4)제 친구입니다. 5)선생님입니다. 6)연세대학교입니다.
3. 2)한국입니다. 3)김미선입니다. 4)아이스크림입니다.
4. 2)마리아 씨는 제 친구입니다. 3)저는 샤오밍입니다. 4)선생님은 여자입니다. 5)제 친구는 영어 선생님입니다.
5. 생략

1과 2항

1. 2)중국 3)일본 4)미국 5)캐나다 6)호주 7)러시아
2. 2)미국 사람입니다. 3)독일 사람입니다. 4)인도 사람입니다. 5)가:어느 나라 사람입니까? 나:한국 사람입니다. 6)가:어느 나라 사람입니까? 나:일본 사람입니다.
3. 2)선생님입니까? 3)친구입니까? 4)서울입니까? 5)호주 사람입니까? 6)유정민 씨입니까?
4. 2)네, 여자입니다. 3)아니요, 일본입니다. 4)나지원 씨입니까? 5)선생님입니까? 6)가:인도 사람입니까? 나:네, 인도 사람입니다.

1과 3항

1. 2)기자 3)의사 4)경찰 5)간호사
2. 2)가 3)가 4)이 5)이 6)가
3. 2)마이클입니다. 제임스가 아닙니다. 3)남자입니다. 여자가 아닙니다. 4)미국 사람입니다. 중국 사람이 아닙니다.
4. 2)선생님이 아닙니다. 학생입니다. 3)의사가 아닙니다. 경찰입니다. 4)부산이 아닙니다. 서울입니다. 5)아니요, 오렌지가 아닙니다. 바나나입니다. 6)가:회사원입니까? 나:아니요, 회사원이 아닙니다. 간호사입니다.

1과 4항

1. ① ④ ⑤ ⑥ ③
2.

	Vst습니다	Vst습니까?
먹다	먹습니다	먹습니까?
읽다	읽습니다	읽습니까?
입다	입습니다	입습니까?
듣다	듣습니다	듣습니까?
찾다	찾습니다	찾습니까?
닫다	닫습니다	닫습니까?
앉다	앉습니다	앉습니까?
	Vst ㅂ니다	Vst ㅂ니까?
가다	갑니다	갑니까?
오다	옵니다	옵니까?

자다	잡니다	잡니까?
쓰다	씁니다	씁니까?
보다	봅니다	봅니까?
사다	삽니다	삽니까?
쉬다	쉽니다	쉽니까?
마시다	마십니다	마십니까?
만나다	만납니다	만납니까?
일하다	일합니다	일합니까?
가르치다	가르칩니다	가르칩니까?
인사하다	인사합니다	인사합니까?
공부하다	공부합니다	공부합니까?
노래하다	노래합니다	노래합니까?

3. 2) 일합니다. 3) 입습니다. 4) 아니요, 씁니다. 5) 가르칩니까? 6) 가:인사합니까? 나:네, 인사합니다.

1과 5항

1. 영국, 의사, 여자 친구, 간호사

2. 2) 안녕히 계십시오. 3) 어서 오십시오. 4) 처음 뵙겠습니다. 5) 안녕하십니까? 6) 안녕히 주무십시오.

3. 는, 이, 는, 이

4. 2) 네, 학생입니다. 3) 아니요, 김영수가 아닙니다. 정지훈입니다. 4) 네, 먹습니다. 5) 아니요, 듣습니다.

5. 1) O 2) X 3) X 4) O

6. 1)

이름	어느 나라 사람입니까?
샤오밍	중국 사람입니다.
이사벨	스위스 사람입니다.
마리	일본 사람입니다.
후엔	베트남 사람입니다.

2) ① O ② X ③ O ④ X

7. 1) O 2) X 3) O 4) X

8. ④ ② ① ⑤ , 생략

9. 생략

제2과 학교와 집

2과 1항

1. 2)볼펜 3)교과서 4)공책 5)열쇠 6)지갑

2. 2)읽기 책입니다. 3)과자입니다. 4)손수건입니다. 5)신분증입니다. 6)거울입니다.

3. 2)가 3)가 4)이 5)가 6)이

4. 2)회사원이 일합니다. 3)미선 씨가 쉽니다. 4)이것이 사전입니다. 5)친구가 기자입니다. 6)제가 미국 사람입니다.

5. 2)연필이 아닙니다. 열쇠입니다. 3)거울입니다. 4)이것이 수첩입니까? 5)저것이 가방입니까? 6)그것이 무엇입니까?

2과 2항

1. 2)O 3)O 4)X 5)O 6)X

2. 많다 • — • 적다
크다 • — • 작다
좋다 • — • 나쁘다

2)돈이 적습니다. 3)텔레비전이 큽니다. 4)지우개가 작습니다. 5)연세대학교가 좋습니다. 6)날씨가 나쁩니다.

3. 2)저것도 의자입니다. 3)저도 공부합니다. 4)학생들도 인사합니다. 5)지도도 큽니다. 6)볼펜도 많습니다.

4. 2)선생님도 공부합니까? 3)마리 씨도 잡니까? 4)가방이 큽니까? 모자도 큽니까? 5)제임스 씨가 기자입니까? 영수 씨도 기자입니까? 6)연필이 많습니까? 공책도 많습니까?

5. 2)책상이 있습니다. 3)텔레비전이 없습니다. 4)의자가 있습니다. 5)학생이 있습니다. 6)선생님이 계십니다.

6. 2)창문이 있습니다. 3)의사 선생님이 계십니다. 4)일본 사람이 있습니까? 5)돈이 있습니까? 6)김 교수님이 계십니까?

2과 3항

1. 2)서점 3)식당 4)우체국 5)화장실 6)사무실

2. 2)뒤 3)옆 4)위 5)안 6)아래

3. 2)교실 안에 학생이 없습니다. 3)학생들이 의자에 앉습니다. 4)지갑 안에 돈이 있습니까? 5)방에 무

정답

엇이 없습니까? 6)어디에 전화가 있습니까?

4. 2)중국에 있습니다. 3)호주에 있습니다. 4)미국에 있습니다. 5)서울이 한국에 있습니까? 6)토론토가 어디에 있습니까?

2과 4항

1. 2)극장 3)가게 4)병원 5)백화점 6)시장
2. 2)서점 안에 있습니다. 3)백화점 뒤에 있습니다. 4)시장이 어디에 있습니까? 5)아이들이 어디에 있습니까? 6)가:병원이 어디에 있습니까? 나:약국 위에 있습니다. / 가:약국이 어디에 있습니까? 나:병원 아래에 있습니다.
3. 2)침대하고 냉장고가 없습니다. 3)박 선생님하고 김 선생님이 계십니다. 4)공책하고 연필이 많습니다. 5)러시아하고 캐나다가 큽니다. 6)친구하고 제가 공부합니다.
4. 2)연세대학교하고 병원이 있습니다. 3)침대하고 텔레비전이 있습니다. 4)선생님하고 학생이 있습니다. 5)과자하고 우유가 많습니다. 6)책상하고 의자가 많습니다.
5. 생략

2과 5항

1.

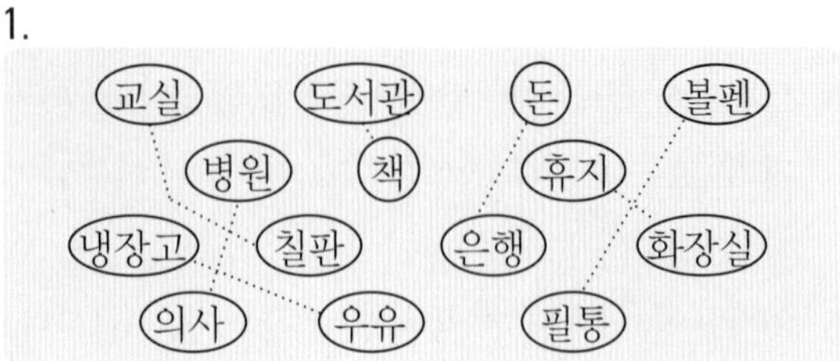

2. 생략
3. 2)이, 도 3)에, 이 4)이, 에 5)하고 6)는, 이
4. 2)지갑입니다. 3)네, 있습니다. 4)달력도 있습니까? 5)사전하고 볼펜이 있습니다. 6)의자는 어디에 있습니까?

5.

저는 헤가이 안드레이(입니다, 있습니다). 러시아 사람(입니다, 있습니다). 부모님이 (있습니다, 계십니다). 저는 대학생(입니다, 있습니다). 학교 이름이 모스크바 대학교(입니다, 있습니다). 학생이 (많습니다, 큽니다). 중국 학생이 (입니다, 있습니다). 한국 학생도 (입니다, 있습니다). 중국 학생이 (많습니다, 큽니다). 한국 학생도 (많습니다, 적습니다). 저는 중국 친구가 (입니다, 있습니다). 친구 이름이 왕 신빙(입니다, 있습니다). 남자(입니다, 있습니다). 저는 한국 친구는 (있습니다, 없습니다).

6. 1)② 2)① 3)③
7. 2)4 3)5 4)3 5)1 6)2
8. 2)미선 씨는 연세대학교 학생입니다. 3)마리아 씨 집은 신촌에 있습니다. 4)미선 씨 집 근처에 롯데월드하고 백화점하고 공원이 있습니다. 5)잠실에 롯데월드하고 백화점이 있습니다.
9. 생략 10.생략

쉼터 1

→	↓
창문, 선생님, 지도	인도, 이름, 지갑
우체국, 호주, 주스	여권, 우리, 교실, 신문
학교, 사람, 백화점	사전, 의자, 화장실
한국, 기자, 회사원	거울, 교회, 처음

제3과 가족과 친구

3과 1항

1. 2)③ 3)⑥ 4)① 5)⑤ 6)④
2. 존슨 씨는 (날마다) 일을 합니다. 그리고 (날마다) 한국말을 공부합니다. 존슨 씨는 영화하고 운동을 좋아합니다. 그래서 영화를 (자주) 봅니다. 운동도 (자주) 합니다. 존슨 씨는 (가끔) 미선 씨를 만납니다. 산책도 (가끔) 합니다.
3. 2)를 3)를 4)을 5)를 6)을

4. 1) 친구 • • 읽다 → 신문을 읽습니다.
2) 신문 • • 입다 → 옷을 입습니다.
2) 갈비 • • 쓰다 → 한글을 씁니다.
2) 옷 • • 만나다 → 친구를 만납니다.
2) 한글 • • 마시다 → 우유를 마십니다.
2) 우유 • • 먹다 → 갈비를 먹습니다.

5. 2)커피를 마십니다. 3)톰 크루즈를 좋아합니다. 4)텔레비전을 봅니다. 5)무엇을 가르칩니까? 6)누구를 만납니까?

3과 2항

1.

1	2	3	4	5
하나	둘	셋	넷	다섯
한 권	두 권	세 권	네 권	다섯 권
6	7	8	9	10
여섯	일곱	여덟	아홉	열
여섯 권	일곱 권	여덟 권	아홉 권	열 권

2. 2)다섯 권 있습니다. 3)두 명 있습니다. 4)사과가 몇 개 있습니까? 5)가:잡지가 몇 권 있습니까? 나:네 권 있습니다.

3. 2)할머니 3)아버지 4)어머니 5)오빠 6)언니 7)남동생

4. 2)어머니께서 일하십니다. 3)선생님께서 앉으십니다. 4)할머니께서 병원에 계십니다. 5)교수님께서 말씀하십니다. 6)할아버지께서 김치를 잡수십니다.

5. 2)할아버지께서 주무십니다. 3)할머니께서 무엇을 하십니까? 4)형이 무엇을 합니까? 5)가:어머니께서 무엇을 하십니까? 나:어머니께서 커피를 드십니다.

6.

안녕하십니까? 제 이름은 마이클(입니다, 이십니다). 우리 부모님은 미국에 (있습니다, 계십니다). 우리 어머니께서는 한국 사람(입니다, 이십니다). 저는 지금 한국 할머니(집, 댁)에 (있습니다, 계십니다). 저는 한국 친구가 (많습니다, 많으십니다). 부모님도 한국 친구가 (많습니다, 많으십니다). 그분들을 자주 (만납니다, 만나십니다). 저는 부모님을 (사랑합니다, 사랑하십니다). 부모님께서도 저를 (사랑합니다, 사랑하십니다).

3과 3항

1. [보기] 2)덥다:여름, 온돌방, 하와이 3)예쁘다:꽃, 여자, 옷 4)복잡하다:시내, 학생 식당, 서울 5)조용하다:도서관, 시골, 교회 6)시원하다:에어컨, 바람, 냉면

2.

오늘은 날씨가 춥습니다. 여기는 제 하숙집 방입니다. 제 방은 깨끗합니다. 지금 방에 사람이 많습니다. 우리는 파티를 합니다. 록 음악을 듣습니다. 록 음악이 시끄럽습니다. 우리는 음식을 먹습니다. 음식이 맛있습니다.우리는 이야기도 많이 합니다. 파티는 재미있습니다.

3.

1) 여자 친구가 예쁩니다. • • 시끄럽습니다.
2) 식당이 복잡합니다. • • 더럽습니다.
3) 방이 좁습니다. • • 친절합니다.
4) 이 분은 의사입니다. • • 동생은 주스를 마십니다.
5) 서울은 한국에 있습니다. • • 저 분은 간호사입니다.
6) 저는 밥을 먹습니다. • • 런던은 영국에 있습니다.

2)식당이 복잡하고 시끄럽습니다. 3)방이 좁고 더럽습니다. 4)이 분은 의사이고 저 분은 간호사입니다. 5)서울은 한국에 있고 런던은 영국에 있습니다. 6)저는 밥을 먹고 동생은 주스를 마십니다.

4. 2)친구가 친절하고 재미있습니다. 3)연세대학교가 넓고 좋습니다. 4)우리 선생님이 예쁘고 친절하십니다. 5)냉면이 시원하고 맛있습니다. 6)동대문시장이 복잡하고 시끄럽습니다.

3과 4항

1. 2)역사학 3)경영학 4)영문학 5)생물학 6)의학

2. 2)승호 씨는 변호사입니다. (법학)이 전공입니

정답

다. 3)우리 형 전공은 (경영학)입니다. 지금 회사 사장님입니다. 4)피터 씨는 (영문학)을 전공합니다. 셰익스피어를 공부합니다. 5)우리 아버지는 의사이십니다. 대학교 때 전공이 (의학)입니다.

3. 1) 은행 • — • 돈을 찾다
2) 서점 • — • 잡지를 사다
3) 시장 • — • 생선을 사다
4) 극장 • — • 영화를 보다
5) 학교 • — • 한국말을 배우다
6) 도서관 • — • 책을 빌리다

2)서점에서 잡지를 삽니다. 3)시장에서 생선을 삽니다. 4)극장에서 영화를 봅니다. 5)학교에서 한국말을 배웁니다. 6)도서관에서 책을 빌립니다.

4. 2)커피숍에서 친구를 만납니다. 3)현대백화점에서 시계를 삽니다. 4)어디에서 숙제를 합니까? 5)어디에서 일합니까? 6)가:어디에서 운동을 합니까? 나:공원에서 운동을 합니다.

5.

저는 브라질(에, (에서)) 왔습니다. 저는 커피를 아주 좋아합니다. 그래서 날마다 커피숍(에, (에서)) 커피를 마십니다. 집(에도, (에서도)) 마십니다. 브라질((에), 에서) 여러 가지 커피가 있습니다. 한국((에도), 에서도) 여러 가지 커피가 있습니다.

3과 5항

1. 2)누나 3)공원 4)여름 5)교실 6)도서관

2.

우리 (형제) 은 /(는) 누나, 남동생, 그리고 저 모두 세 (명)입니다. 우리 누나는 (예쁘)고 공부도 잘 합니다. 누나의 (전공)(은)/ 는 경영학입니다.남동생은 운동을 좋아합니다. 그래서 (날마다) 운동을 합니다. 저는 영화를 좋아합니다. 그래서 집에 영화 잡지가 (많)습니다. 한국 영화 잡지도 다섯 (권) 있습니다. 영화 잡지는 참 (재미있)습니다.

3. 2)어디 3)몇 4)무엇 5)누구 6)어느 7)누구
4. 2)네 3)이 4)를 5)이 6)앉으십니다 7)누가
5. 2)네 명입니다. 3)미국에 계십니다. 4)한국 영화를 자주 봅니까? 5)신촌이 어떻습니까? 6)어디에서 숙제를 합니까?
6. 1)X 2)O 3)O 4)O
7. 1) 아버지 (2) 어머니 (4) 오빠 (1) 언니 (6) 남동생 (5) 나 (3)
2) ①O ②O ③X ④X ⑤O
8. 1) ①O ②X ③O ④X ⑤X ⑥O
2) [보기] 저는 지금 서울에 있습니다.

서울에는 명동이 있습니다. 남대문시장도 있습니다. 우리 집 근처에는 공원이 있습니다. 저는 공원에서 날마다 산책을 합니다. 서울은 크고 재미있습니다. 서울 사람들은 친절합니다. 저는 서울을 좋아합니다.

9. 생략
10. 생략

제4과 음식

4과 1항

1. 2)한식집 3)일식집 4)중국집
2. 2)들어갑니다. 3)올라갑니다. 4)내려옵니다. 5)나옵니다. 6)옵니다.
3. 2)백화점에 갑니다. 3)식당에 갑니다. 4)공원에 갑니다. 5)병원에 갑니까? 6)어디에 갑니까?
4. 2)도서관에 갑니다. 도서관에서 책을 읽습니다.
3)백화점에 갑니다. 백화점에서 쇼핑을 합니다.
4)한식집에 갑니다. 한식집에서 불고기를 먹습니다.
5)극장에 갑니다. 극장에서 영화를 봅니다.
6)집에 갑니다. 집에서 (잠을) 잡니다.
5. 2)한국말을 공부할까요? 3)집에서 쉴까요? 4)책을 읽을까요? 5)한식집에 갈까요? 6)옷을 입을까요?

6. 2)식당에 갈까요? 3)공원에 갈까요? 4)창문을 닫을까요? 5)(이 옷을) 살까요?

7. 2)친구를 만납시다. 3)가방을 삽시다. 4)비빔밥을 먹읍시다. 5)노래합시다. 6)의자에 앉읍시다.

8. 2)미선 씨하고 같이 갑시다. 3)서울역에서 만납시다. 4)가:뭘 먹을까요? 나:비빔밥을 먹읍시다. 5)가:뭘 할까요? 나 : 한옥을 구경합시다.

4과 2항

1. 2)달다 3)시다 4)짜다 5)맵다 6)쓰다

2. 2)답니다. 3)십니다. 4)스테이크를 5)씁니다. 6)자장면을

3. 2)운동을 좋아하지 않습니다. 3)고기를 먹지 않습니다. 4)중국어를 공부하지 않습니다. 5)도서관에 가지 않습니다.

4. 2)아니요, 숙제가 많지 않습니다. 조금 있습니다. 3)아니요, 날마다 도서관에 가지 않습니다. 가끔 갑니다. 4)아니요, 도서관이 시끄럽지 않습니다. 아주 조용합니다. 5)아니요, 한식을 좋아하지 않습니다. 6)아니요, 맵지 않습니다.

5.

커피	(녹차)	홍차

2) 가 : 무슨 차를 마십니까?
나 : 녹차를 마십니다.

(골프)	스키	축구

3) 가 : 무슨 운동을 좋아합니까?
나 : 골프를 좋아합니다.

읽기 책	잡지	(소설책)

4) 가 : 무슨 책을 읽습니까?
나 : 소설책을 읽습니다.

클래식	(재즈)	록

5) 가 : 무슨 음악을 좋아합니까?
나 : 재즈를 좋아합니다.

6) 생략

6.

	-습니다/ㅂ니다	-을까요?/ㄹ까요?	-읍시다/ㅂ시다
달다	답니다		
멀다	멉니다		
살다	삽니다	살까요?	삽시다
열다	엽니다	열까요?	엽시다
놀다	놉니다	놀까요?	놉시다
팔다	팝니다	팔까요?	팝시다
만들다	만듭니다	만들까요?	만듭시다

7. 2)가:압니까? 나:압니다. 3)가:답니까? 나:달지 않습니다. 4)가:놀까요? 나:놉시다. 5)가:만들까요? 나:만듭시다. 6)가:멉니까? 나 : 멉니다.

8. 2)압니다. 3)놉니다. 4)만듭니다. 5)달지 않습니다. 6)팝니다.

4과 3항

1. 생략

2. 1)토스트하고 우유를 먹습니다. 2)중국집에 갑니다. 3)김밥하고 라면을 먹습니다. 4)리에 씨가 한식을 좋아합니다. 5)마리아 씨가 저녁에 양식집에 갑니다.

3. 1)목이 마르다 • • 쉬다
2)배가 고프다 • • 물을 마시다
3)한국말을 모르다 • • 밥을 먹다
4)피곤하다 • • 창문을 열다
5)덥다 • • 한국말을 배우다

1)목이 마릅니다. 물을 마시고 싶습니다. 2)배가 고픕니다. 밥을 먹고 싶습니다. 3)한국말을 모릅니다. 한국말을 배우고 싶습니다. 4)피곤합니다. 쉬고 싶습니다. 5)덥습니다. 창문을 열고 싶습니다.

4. 2)저는 교회에서 결혼하고 싶습니다. 여자 친구는 호텔에서 결혼하고 싶어합니다. 3)저는 하와이에 가고 싶습니다. 여자 친구는 파리에 가고 싶어합니다. 4)저는 시계를 주고 싶습니다. 여자 친구는 반지를 주고 싶어합니다. 5)저는 서울에서 살고 싶습니다. 여자 친구는 베이징에서 살고 싶어합니다.

정답

5. 2)내일 다시 전화하겠습니다. 3)열심히 공부하겠습니다. 4)제가 읽겠습니다. 5)술을 마시지 않겠습니다.

6. 2)불고기를 먹겠습니다. 3)쇼핑을 하겠습니다. 4)한국차도 마시겠습니다. 5)부모님과 많이 이야기하겠습니다.

4과 4항

1. 2)삼 3)칠 4)오 5)이 6)팔 7)육 8)일 9)십 10)사

2. 2)한 잔 3)세 그릇 4)일곱 병 5)이 인분 6)여섯 명

3.

	Vst으십니다	Vst으십니까?	Vst읍시다	Vst으십시오
앉다	앉으십니다	앉으십니까?	앉읍시다	앉으십시오
멀다	읽으십니다	읽으십니까?	읽읍시다	읽으십시오
찾다	찾으십니다	찾으십니까?	찾읍시다	찾으십시오
	Vst십니다	Vst십니까?	Vstㅂ시다	Vst십시오
가다	가십시다	가십니까?	갑시다	가십시오
오다	오십니다	오십니까?	옵시다	오십시오
쉬다	쉬십니다	쉬십니까?	쉽니다	쉬십시오
보다	보십시다	보십니까?	봅시다	보십시오
사다	사십니다	사십니까?	삽시다	사십시오
기다리다	기다리십니다	기다리십니까?	기다립시다	기다리십시오
가르치다	가르치십니다	가르치십니까?	가르칩시다	가르치십시오
배우다	배우십니다	배우십니까?	배웁시다	배우십시오
공부하다	공부하십니다	공부하십니까?	공부합시다	공부하십시오
일하다	일하십시다	일하십니까?	일합시다	일하십시오
	Vst십니다	Vst십니까?	Vst읍시다/ㅂ시다	Vst십시오
먹다	잡수십니다	잡수십니까?	먹읍시다	잡수십시오
있다	계십니다	계십니까?	있읍시다	계십시오
자다	주무십니다	주무십니까?	잡시다	주무십시오
말하다	말씀하십니다	말씀하십니까?	말합시다	말씀하십시오

4. 1)요코 • •조용히 하다.
2)존슨 • •책을 보다.
3)제임스 • •창문을 닫다.
4)신디 • •앉다.
5)웨이 • •들어 오다.
6)마리아 • •일어나다.

1)요코 씨, 들어 오십시오. 2)존슨 씨, 일어나십시오. 3)제임스 씨, 조용히 하십시오. 4)신디 씨, 책을 보십시오. 5)웨이 씨, 창문을 닫으십시오. 6)마리아 씨, 앉으십시오.

5. 2)순두부찌개를 드십시오. 3)소설책을 읽으십시오. 4)창문을 열까요? 5)무슨 차를 드릴까요? 6)생략

4. 2)언제 갈까요? 3)무슨 식당에 갈까요? 4)뭘 먹을까요? 5)어디를 구경할까요? 6)어디에서 살까요?

4과 5항

1.

비빔밥	한	자장면	중	우동	중	스테이크	양
삼계탕	한	초밥	일	라자냐	양	짬뽕	중
된장찌개	한	피자	양	볶음밥	중	탕수육	중
냉면	한	스파게티	양	갈비탕	한		

2.

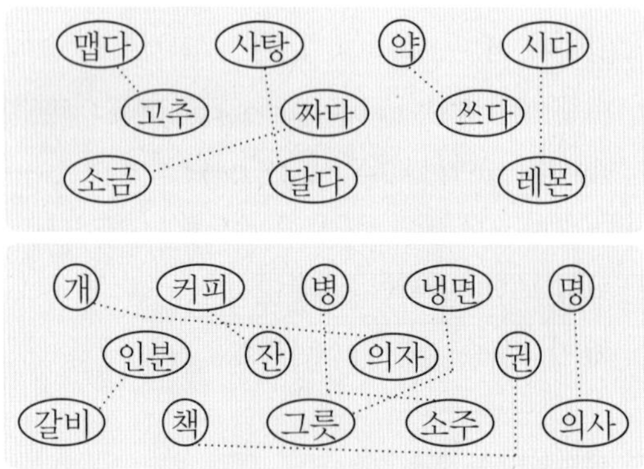

3. 2)세 권 3)두 잔 4)네 병 5)오 층 6)팔 번 7)한 그릇 8)삼 인분 9)제 오과 이항 10)아홉 개

4. 2)아니요, 왕빈 씨는 동생이 없습니다. 지선 씨가 동생이 있습니다. 3)아니요, 지선 씨 부모님은 중국에 계시지 않습니다. 왕빈 씨 부모님이 중국에 계십니다. 4)아니요, 왕빈 씨는 영어를 모릅니다. 지선 씨가 영어를 압니다. 5)아니요, 지선 씨는 고기를 먹지 않습니다. 왕빈 씨가 고기를 먹습니다. 6)아니요, 왕빈 씨는 내일 바다에 가지 않겠습니다. 지선 씨가 내일 바다에 가겠습니다.

5. 2)그럽시다. 3)멀지 않습니다. 4)저는 액션 영화

를 좋아합니다. 5)차를 마실까요? 6)무슨 차를 마시고 싶습니까?

6. 1)① 2)② 3)②

7. 1)

된장찌개	삼계탕	불고기	김치찌개	맥주	콜라
		O	O		O

2) ④ 3) ③ 4) ①X ②X ③O

8. 1)식당에 갑니다. 2)혼자 갑니다. 3)네, 그럽시다. 4)무슨 음식을 좋아하십니까? 5)불고기는 맛이 어떻습니까? 6)맵지 않습니까? 7)불고기 이 인분하고 냉면 한 그릇을 시킬까요?

9. 생략

10. 생략

제5과 하루 생활

5과 1항

1. 2)십구 3)삼백육십팔 4)이백오 5)사천오백 6)천구십칠 7)육만 8)삼만 팔천칠백이십일

2. 2)8, 5 3)4, 30 4)10, 40 5)2, 18 6)11, 27

3. 2)한 시 반입니다. 3)세 시 오 분입니다. 4)열두 시 십 분입니다. 5)여섯 시 십오 분입니다. 6)아홉 시 사십팔 분입니다.

4. 2)오후 한 시까지 학교에서 공부합니다. 3)열한 시 십 분까지 교실에 들어오십시오. 4)교과서 십 쪽까지입니다. 5)몇 시까지 엽니까?

5.

동사	Vst어요/아요/여요
많다	많아요
앉다	앉아요
가다	가요
자다	자요
만나다	만나요
좋다	좋아요
오다	와요
보다	봐요
먹다	먹어요
없다	없어요
있다	있어요
읽다	읽어요
마시다	마셔요
가르치다	가르쳐요
주다	줘요
배우다	배워요
쓰다	써요
나쁘다	나빠요
예쁘다	예뻐요
쉬다	쉬어요
하다	해요
공부하다	공부해요

6. 2)친구가 자요. 3)언니가 예뻐요. 4)사전이 없어요. 5)제 방은 크지 않아요. 6)날마다 커피를 마셔요? 7)무슨 음식을 좋아해요? 8)공책에 이름을 써요. 9)냉면을 먹어요. 10)내일 만나요.

7. 2)여기가 연세대학교예요. 3)이 음식은 비빔밥이에요. 4)그분은 선생님이 아니에요. 5)집이 어디예요? 6)취미가 뭐예요?

8. 2)아니요, 회사원이 아니에요. 3)신촌이에요. 4)가족이 모두 몇 명이에요? 5)한국 생활이 아주 재미있어요. 6)네, 내일 만나요.

5과 2항

1. 1)일월-(이월)-(삼월)-사월-(오월)-(유월) 2)(칠월)-팔월-구월-(시월)-십일월-(십이월) 3)십육 일-(십칠 일)-십팔 일-(십구 일)-이십 일-(이십일 일) 4)일요일-(월요일)-화요일-(수요일)-목요일 -(금요일)-(토요일) 5)(어제)-오늘-(내일)

2. 2)천구백팔십오 년 십일월 이십오 일 3)이천칠 년 이월 십사 일 4)유월 육 일 5)시월 십 일 6)팔월 삼십일 일

3. 2)금요일입니다.3)시월 십오 일입니다. 4)일요일입니다. 5)(시월) 이십일 일까지입니다. 6)어머니 생신은 몇 월 며칠입니까? (언제입니까?)

4. 2)가:한국말이 어렵지요? 나:네, 한국말이 어렵습

니다(어려워요). 3)가:다이아몬드가 비싸지요? 나:네, 다이아몬드가 비쌉니다(비싸요). 4)가:제임스 씨가 미국 사람이지요? 나:네, 미국 사람입니다(미국 사람이에요). 5)가:김치가 맵지요? 나:네, 맵습니다(매워요). 6)가:날마다 학교에 가지요? 나:네, 날마다 학교에 갑니다(가요).

5. 2)리사 씨 생일이지요? 3)제 생일이에요. 4)좋아하지요? 5)냉면을 좋아해요. 6)같이 가요. 7)아주 많지요? 8)사람이 아주 많아요. 9)(시원하고)맛있지요? 10)(시원하고)맛있어요.

6. 2)그분이 선생님이세요? 3)선생님이 바쁘세요. 4)할머니께서 주무세요. 5)무슨 책을 읽으세요? 6)안녕하세요? 7)안녕히 계세요. 8)여기 앉으세요.

7. 2)할머니께서 지금 주무세요. 3)저는 지금 공부해요. 4)저분이 누구세요? 5)어디에 사세요? 6)무슨 음식을 좋아하세요?

5과 3항

1. 1)이를 • • 자다
   2)잠을 • • 타다
   3)세수를 • • 닦다
   4)버스를 • • 하다
   5)버스에서 • • 내리다

2. 2)세수를 합니다. 3)이를 닦습니다. 4)탑니다. 5)내립니다. 6)잠을 잡니다.

3. 2)가:몇 시에 자요? 나:11시에 자요. 3)가:몇 월에 여행해요? 나:10월에 여행해요. 4)가:몇 월 며칠에 파티를 해요? 나:12월 24일에 파티를 해요. 5)가:무슨 요일에 시험이 있어요? 나:월요일에 시험이 있어요. 6)가:언제 가족을 만나요? 나:크리스마스에 가족을 만나요.

4. [보기]

시간	계획
오늘 저녁	한국말 숙제
내일 오후 3시	영화
일요일 오전	잠
밸런타인 데이	데이트
2020년	아프리카 여행

저는 오늘 저녁에 한국말 숙제를 하겠습니다. 내일 오후 3시에 영화를 보겠습니다. 일요일 오전에 잠을 자겠습니다. 밸런타인 데이에 데이트를 하겠습니다. 2020년에 아프리카 여행을 하겠습니다.

5. 2)가:몇 월부터 몇 월까지 봄입니까? 나:3월부터 5월까지 봄입니다. 3)가:무슨 요일부터 무슨 요일까지 수업이 있습니까? 나:월요일부터 금요일까지 수업이 있습니다. 4)가:몇 시부터 몇 시까지 운동을 합니까? 나:오전 10시부터 오전 11시까지 운동을 합니다. 5)가:몇 쪽부터 몇 쪽까지 숙제입니까? 나:10쪽부터 20쪽까지 숙제입니다.

6. 2)밥을 먹고 차를 마셔요. 3)텔레비전을 보고 숙제를 해요. 4)옷을 입고 거울을 봐요. 5)영화를 보고 커피숍에 갑시다. 6)책을 읽고 자겠어요.

7. 2)한국말을 배우고 점심 식사를 합니다. 3)점심을 먹고 아르바이트를 합니다. 4)아르바이트를 하고 운동을 합니다. 5)운동을 하고 저녁을 먹습니다. 6)저녁을 먹고 텔레비전을 봅니다.

8. 3) → 2) → 1) → 5) → 6) → 4)

5과 4항

1. 1) (그저께) - 어제 - (오늘) - 내일 - (모레)
   2) (지난주) - 이번 주 - (다음주)
   3) 지난달 - (이번 달) - (다음달)
   4) (작년) - 올해 - (내년)

2. 2) 모레 는 리사 씨 생일입니다.
   3) 그저께 는 밸런타인데이였습니다.
   4) 지난 주 에 수영을 했습니다.
   5) 다음 주 에 시험이 있습니다.

3.

동사	Vst어요/아요/여요	Vst었어요/았어요/였어요
가다	가요	갔어요
타다	타요	탔어요
받다	받아요	받았어요
앉다	앉아요	앉았어요
오다	와요	왔어요
보다	봐요	봤어요

좋다	좋아요	좋았어요
먹다	먹어요	먹었어요
마시다	마셔요	마셨어요
가르치다	가르쳐요	가르쳤어요
읽다	읽어요	읽었어요
배우다	배워요	배웠어요
주다	줘요	줬어요
쓰다	써요	썼어요
예쁘다	예뻐요	예뻤어요
쉬다	쉬어요	쉬었어요
일하다	일해요	일했어요
여행하다	여행해요	여행했어요

4.

저는 지금 친구 집에 (살아요, 살았어요). 지난 달까지는 기숙사에 (살아요, 살았어요). 제 친구는 아주 (친절해요, 친절했어요). 어제는 친구가 불고기하고 김치찌개를 (만들어요, 만들었어요). 불고기가 (맛있어요, 맛있었어요). 김치찌개는 (매워요, 매웠어요). 우리는 어제 저녁을 먹고 TV 드라마를 (봐요, 봤어요). 저는 한국 드라마를 자주 (봐요, 봤어요). 어제 드라마도 (재미있어요, 재미있었어요). 친구는 한국 노래를 (좋아해요, 좋아했어요). 그래서 우리는 TV를 보고 노래방에 (가요, 갔어요).

5. 2)저는 머리가 길었어요. 3)저는 아이스크림을 좋아했어요. 4)이곳에 나무가 많았어요. 5)이곳에 집이 없었어요. 6)이곳은 조용했어요.

6.

동사	Vst습니다/ㅂ니다	Vst어요/아요/여요	Vst었어요/았어요/였어요
맵다	맵습니다	매워요	매웠어요
덥다	덥습니다	더워요	더웠어요
춥다	춥습니다	추워요	추웠어요
쉽다	쉽습니다	쉬워요	쉬웠어요
어렵다	어렵습니다	어려워요	어려웠어요
아름답다	아름답습니다	아름다워요	아름다웠어요
*좁다	좁습니다	좁아요	좁았어요
*입다	입습니다	입어요	입었어요
*잡다	잡습니다	잡아요	잡았어요

7. 2)입었어요. 3)좁았어요. 4)매웠어요. 5)쉬웠어요. 6)어려웠어요.

5과 5항

1. 2)여기요, 불고기 오 인분 주세요. 3)이천육 년 시월 육 일에 한국에 왔어요. 4)우리 교실은 사백칠 호입니다. 5)교과서 칠십삼 쪽을 보세요. 6)오늘은 오 과 사 항을 공부하겠습니다. 7)한 시 십오 분에 만나요. 8)지금은 열두 시 삼십 분이에요. 9)만 팔천오백 원이에요. 10)저 건물은 육십삼 층이에요.
2. 2)작년 3)셋 4)조용하다 5)살다
3. 2)아침 8시에 신문을 읽었어요. 3)작년 여름에 수영을 배웠어요. 4)수업이 끝나고 점심을 먹어요. 5)밤에 세수하고 일기를 써요. 6)오전 11시부터 오후 1시까지 열심히 운동했어요.
4. 2)금요일이에요. 3)9시까지 학교에 가요. 4)몇 시부터 몇 시까지 수업이 있어요? 5)수업이 끝나고 뭘 해요? 6)친구를 만났어요. 7)뭘 했어요? 8)영화를 보고 노래방에 갔어요.
5. 1)③ 2)② 3)②
6. 1)④ 2)① X ② X ③ O 3)여행을 가겠습니다.
7. 1)

제레미 씨는 영국(에, 에서) 왔습니다. 지금 한국 회사(에, 에서) 다닙니다. 오전에는 연세대학교(에, 에서) 한국말을 배웁니다. 오후(에, 에는) 회사(에, 에서) 갑니다. 회사(에, 에서) 열심히 일합니다.

어제는 토요일이었습니다. 토요일(에는, 에서는) 회사(에, 에서) 가지 않습니다. 제레미 씨는 혼자 남산(에, 에서) 갔습니다. 남산타워(에, 에서) 서울을 보고 커피도 마셨습니다. 서울 시내(에는, 에서는) 집도 많고 자동차도 많았습니다.

제레미 씨는 오후 1시(에, 에서) 남산(에, 에서) 내려왔습니다. 2시(에, 에서) 집(에, 에서)왔습니다. 집(에, 에서) 쉬었습니다.

정답

2)①O ②O ③X ④X ⑤X

3)서울을 보고 커피를 마셨습니다.

4)집도 많고 자동차도 많았습니다.

8. 생략
9. 생략

복습 문제 1과~5과

Ⅰ. 1. 는, 이, 에서 2. 가, 에 3. 에서 4. 에 5. 께서 6. 부터, 까지 7. 가, 을 8. 에, 이 9. 에 10. 하고, 을, 도

Ⅱ. 1.② 2.④ 3.③ 4.② 5.①

Ⅲ. 1.② 2.④ 3.③ 4.① 5.②

Ⅳ. 1. 무엇 2. 누구 3. 어디 4. 어느 5. 무슨 6. 몇 7. 언제

Ⅴ. 1. 회사원입니다. 2. 누가 3. 좋습니다. 4. 먹고 싶어 합니다. 5. 읽고 싶지 않습니다. 6. 있습니다. 7. 백화점에서 8. 가겠습니다. 9. 드십시오. 10. 봤어요.

Ⅵ. 1. 이름이 무엇입니까? 2. 한국 사람이 아닙니다. 3. 이것이 무엇입니까? 4. 사전하고 지갑이 있습니다. 5. 영어 사전이 없습니다. 6. 도서관에 갑니다. 7. 내일 만납시다. 8. 날씨가 춥지 않습니다. 9. 소설책을 읽고 싶습니다. 10. 갈비를 먹겠습니다. 11. 조용하고 아름답습니다. 12. 친구 집에 가겠습니다. 13. 불고기를 만들까요? 14. 지금 몇 시예요? 15. 금요일이에요. 16. 오늘이 몇 월 며칠이에요? 17. 친구를 만났어요. 18. 미선 씨하고 점심을 먹었어요. 19. 아주 아름다웠어요. 20. 아침을 먹고 신문을 읽어요.

Ⅶ. 1. 삽니다. 2. 일어납니다. 3. 계십니다. 4. 만납시다. 5. 주무십니다. 하십시오. 6. 산책할까요? 7. 공부하겠습니다. 8. 가지 않습니다. 9. 더웠습니다. 10. 마셨습니다.

Ⅷ. 1. 삼 인분 2. 다섯 개, 네 개 3. 두 잔 4. 한 그릇 5. 일곱 병

Ⅸ. 1. 독일 사람이에요 2. 왔어요 3. 재미있어요 4. 친절해요 5. 잘 하고 싶어요 6. 배워요 7. 가르치세요 8. 좋아요 9. 어려워요 10. 많아요

십자말 풀이 1

1.근	2.처			4.아	버	5.지			
	3.음	악				6.도	7.서	관	
				12.회	13.사		울		
8.사					14.과	15.자			
9.전	10.공					장		23.독	24.일
	11.부	터		19.학		면			요
				20.생	21.일			25.내	일
16여	17.기				22.식	당			
	18.자	주							